Educação a distância e ensino superior

introdução didática a um tema polêmico

Dados Internacionais de Catalogação na Publicação (CIP)
(Câmara Brasileira do Livro, SP, Brasil)

Moraes, Reginaldo C.
Educação a distância e ensino superior : introdução didática a um tema polêmico / Reginaldo C. Moraes. – São Paulo : Editora Senac São Paulo, 2010.

Bibliografia.
ISBN 978-85-7359-938-1

1. Educação a distância 2. Ensino superior 3. Ensino universitário I. Título.

10-00789 CDD-371.35

Índices para catálogo sistemático:

1. Educação a distância e ensino superior 371.35
2. Educação superior e distância 371.35

Educação a distância e ensino superior

introdução didática a um tema polêmico

REGINALDO C. MORAES

editora senac são paulo

Editor: Marcus Vinicius Barili Alves (vinicius@sp.senac.br)

Coordenação de Prospecção e Produção Editorial: Isabel M. M. Alexandre (ialexand@sp.senac.br)
Supervisão de Produção Editorial: Pedro Barros (antonio.lbarros@sp.senac.br)

Edição de Texto: Léia Maria Fontes Guimarães
Preparação de Texto: Jandira Queiroz
Revisão de Texto: Daniel Viana, Edna Viana, Jussara R. Gomes
Projeto Gráfico e Editoração Eletrônica: Fabiana Fernandes
Capa: Emerson Basso
Impressão e Acabamento: Corprint Gráfica e Editora Ltda.

Gerência Comercial: Marcus Vinicius Barili Alves (vinicius@sp.senac.br)
Supervisão de Vendas: Rubens Gonçalves Folha (rfolha@sp.senac.br)
Coordenação Administrativa: Carlos Alberto Alves (calves@sp.senac.br)

Editora Senac São Paulo
Rua Rui Barbosa, 377 – 1º andar – Bela Vista – CEP 01326-010
Caixa Postal 1120 – CEP 01032-970 – São Paulo – SP
Tel. (11) 2187-4450 – Fax (11) 2187-4486
E-mail: editora@sp.senac.br
Home page: http://www.editorasenacsp.com.br

remoraes@uol.com.br

Sumário

Nota do editor

O Senac São Paulo vem focando parte de seus esforços no estudo das variáveis do ensino a distância.

Esta publicação dedica-se especificamente ao ensino de nível superior, trazendo a experiência dos *e-centers* na China, que respondem por grande parte de uma rede de educação a distância na área rural; o pioneirismo da Open University britânica, criada na década de 1960; o exemplo da Universidade Aberta em Portugal, com centros de apoio distribuídos por todo o país, entre outras experiências.

A esses exemplos, o autor alia um panorama histórico sobre o desenvolvimento da educação e traz abordagens sobre a evolução de alguns modelos de educação a distância.

O livro reúne, assim, as mais diversas formas de organização de ensino, de métodos e meios de comunicação e interação, tecnologias utilizadas e inovações com o intuito de apresentar os novos rumos, desafios e limitações desse modelo de ensino e aprendizagem.

Sem dúvida, uma grande contribuição para estimar o papel da educação a distância na geração do desenvolvimento social e também como fator de desenvolvimento da própria educação.

Introdução

Educação, desenvolvimento, inovação: o que uns têm a ver com outros

O que o leitor encontrará neste livro? Uma apresentação desse fenômeno – a educação a distância – tal como tem aparecido no campo do ensino superior. Procuraremos mostrar aqui como se desenvolve essa modalidade de ensino e aprendizagem por meio da descrição de exemplos internacionais e resenhas do debate presente na literatura especializada na tentativa de indagar para onde ela vai. Desse modo, contudo, o livro pretende indicar também que a educação a distância (EaD) não apenas segue determinada direção, mas leva a educação, em sentido geral, para rumos novos, influenciando decisivamente os modos de organização das escolas, os materiais e os procedimentos didáticos, além da definição dos papéis de estudantes e professores.

Por vezes, afirmar que a educação representa a panaceia para a salvação do mundo é meio caminho para dizer que todos os pecados do mundo se devem às falhas da educação. Guardadas as proporções, é isso o que ocorre também com a EaD – endeusada ou satanizada, conforme as preferências do freguês. Uma das questões que pretendemos indicar neste livro é o fato de que, antes de julgar aquilo que se apresenta com esse nome, precisamos entender o que é, como se criou e se desenvolveu. Talvez assim possamos vê-la com mais realismo e pertinência para estimar o papel da EaD na geração do desenvolvimento social e também como fator de desenvolvimento *da própria educação*.

Os primeiros passos da indústria moderna – ou da agricultura capitalista – não pareciam depender do ensino superior ou do desenvolvimento da ciência, *stricto sensu*. Até o fim do século XIX, pouco ou quase nada da inovação tecnológica se deveu aos sábios e aos cientistas, às universidades e às academias. Pelo contrário, descobertas cruciais foram realizadas por artesãos hábeis. Tocqueville já notara, com certo espanto e preocupação, que os norte-americanos assumiam a liderança da indústria e da mecanização da agricultura sem ter sequer enunciado uma lei científica ou construído um modelo físico. Mas esse cenário transformou-se progressivamente desde as últimas décadas do século XIX. Fenômenos como o florescimento da indústria química, a eletricidade e o motor à explosão já mostravam que o saber sistemático, aquele cultivado no mundo acadêmico, começava a escorrer para o mundo da produção. Saltos sucessivos foram se produzindo, sobretudo depois da Segunda Guerra Mundial. A partir daí, firmou-se um casamento indissolúvel entre desenvolvimento, ciência e tecnologia – e destas últimas com a educação escolarizada. Nesse contexto, a capacidade das nações de educar sua população parece constituir um divisor de águas que separa o mundo moderno entre aqueles que terão cada vez mais e aqueles que terão cada vez menos.

É fácil verificar que os países mais bem posicionados na chamada "nova economia", baseada intensivamente no conhecimento, são justamente aqueles em que há maior acesso à educação – e onde essa atividade é desenvolvida de maneira mais qualificada. Desse modo, as estratégias de desenvolvimento precisam atentar para duas necessidades complementares:

- uma política de pesquisa científica avançada, na fronteira do conhecimento. Ela precisa ser exigente e contínua, porque nesse campo não se pode improvisar – a criação de quadros científicos e tecnológicos, bem como a disseminação do espírito dedutivo e experimental, é um processo longo e demorado. E a descontinuidade pode destruir, em meses, o trabalho de décadas;

- uma política de capilarização da informação e da capacitação tecnocientífica, algo que se produz por meio de programas de educação, de difusão e de extensão (rural e industrial), programas que tornem *familiar* a convivência com os seres da tecnologia e da ciência.

Já em 1954, um tratado fundador de W. A. Lewis lembrava um detalhe essencial dessas políticas, especificando de que *tipo* de conhecimento se trata:

> O desenvolvimento econômico depende tanto do conhecimento tecnológico sobre coisas e criaturas vivas quanto do conhecimento social sobre o homem e suas relações com os seus semelhantes. A primeira forma de conhecimento é frequentemente acentuada nesse contexto, mas a segunda tem a mesma importância. O crescimento depende tanto de saber como administrar organizações em grande escala, ou de criar instituições que favoreçam o esforço para economizar, como ainda de saber selecionar novos tipos de semente ou construir represas maiores.[1]

Anotemos então este aviso: a pesquisa relevante não é exclusiva das chamadas "ciências duras", conhecimento que se destina a entender e manejar os fenômenos naturais. Papel fundamental cabe ao conhecimento produzido para entender (e administrar) as relações inter-humanas, os processos sociais, as culturas e os comportamentos, os modos de agir que levam à cooperação ou ao conflito. Neste último caso, para utilizar a fórmula sugerida por Vernon Ruttan,[2] o conhecimento pode reduzir o custo da inovação institucional. A pesquisa pode subsidiar a cooperação, produzindo ações e escolhas informadas. Pode evitar ainda a produção de conflito desnecessário, esclarecendo seus determinantes e suas consequências para os sujeitos envolvidos.

---

1 W. A. Lewis, *A teoria do desenvolvimento econômico*, trad. Alfredo Moutinho dos Reis (Rio de Janeiro: Zahar, 1960), p. 207.

2 Vernon W. Ruttan, *Social Science Knowledge and Economic Development. an Institutional Design Perspective* (Ann Arbor: University of Michigan Press, 2006).

Esse conhecimento não poderia ser embalado em pacotes, pura e simplesmente transferido ou disponível para *download*? Seria necessário "formar quadros" para produção local de conhecimento? Respondendo a esse tipo de questionamento, uma literatura já não tão pequena no campo da economia do desenvolvimento tem respondido "não" à primeira dessas perguntas e "sim" à segunda. A sustentação dessas respostas parte de diferenças fundamentais: entre conhecimento formal e informal, tácito e explícito, codificado e não codificado; entre o conhecimento como produto e como processo. A compreensão dessas diferenças – e o reconhecimento da relevância dos dois lados desses binômios – tem recomendado a adoção de políticas de educação massiva, de ampla cobertura. Em termos metafóricos: por meio da educação e da difusão científico-cultural, trata-se de fazer da invenção e da inovação hábitos tão populares e disseminados como o futebol, a música e a dança.

Há algum tempo, um importante estudo lembrava:

> As técnicas relevantes para a maioria dos trabalhos apresentam em comum um grande conjunto de aspectos construtivos elementares. Serão muito simplificados o ensino e a aprendizagem das técnicas se esses elementos mais primários já forem do conhecimento do operário – como, por exemplo, se a receita simplesmente especificar que se deve "derramar uma xícara de leite", sem necessidade de explicar o que é o leite ou descrever como medi-lo e derramá-lo corretamente. A educação geral transmite essas habilidades de finalidades gerais, bem como estabelece relações, dados e linguagem.[3]

Essas palavras foram escritas há mais de quarenta anos. Reparemos bem nos termos que o autor emprega. Ora, vivemos numa época em que mudam velozmente a natureza da "maioria dos trabalhos" e o perfil das "técnicas relevantes" para sua execução. Assim, não muda apenas o repertório das "habilidades de finalidades gerais" que o sistema educativo tem de

---

[3] R. Nelson; M. Peck; E. Kalacheck, *Tecnologia e desenvolvimento econômico* (Rio de Janeiro: Forense, 1969), p. 26.

prover. Mudam também a forma e os ritmos de sua provisão. Notemos, por exemplo, a grande mudança na longevidade e na idade ativa das pessoas. Associado a mudanças econômicas tecnológicas e organizacionais, esse fator torna cada vez mais importante a educação ao longo da vida, a formação permanente ou a educação contínua. A EaD tem muito a dizer sobre a provisão dessas capacidades.

Existe ainda uma outra dimensão a considerar quando tratamos da educação a distância especificamente: podemos e devemos pensá-la como fator de desenvolvimento e como fator de desenvolvimento *da própria educação* em sentido amplo. Os experimentos de EaD – em instituições a ela dedicadas com exclusividade ou em instituições *dual mode* – já permitem um balanço razoavelmente seguro dessas aquisições e desses desdobramentos.

Assim, observa-se que a EaD não apenas amplia oportunidades para indivíduos e grupos sociais "confinados" pelo espaço ou pela agenda social, isto é, pelos seus ritmos de vida e trabalho. Essa é uma das motivações mais enunciadas nos projetos em uso e na literatura da área. Parece haver claras evidências empíricas desses resultados. Desse modo, ela amplia o poder de fogo da educação, em sentido geral, como fator de desenvolvimento. Ela é uma arma a mais – e uma arma de considerável alcance, que muda o caráter da "guerra", como o avião no meio do século.

A educação a distância também é fator de desenvolvimento da educação, presencial ou não. Por definição "de nascença", a EaD já se põe, desde logo, no terreno do novo e da transgressão. Com isso, adquire, sem traumas, uma espécie de direito natural ao erro, com a tácita permissão para ousar na gestação de métodos, materiais e procedimentos. Não por acaso, alguns desses recursos migram em seguida para o ensino presencial, fertilizando-o e sugerindo novas metodologias, novas formas organizacionais, novos papéis. Esse é um aspecto para o qual devem estar atentas as instituições "tradicionais" no sentido de criar novos modos de organizar o ensino e a aprendizagem em consonância com os desafios da "massificação" e da preservação da qualidade.

Dedicando-se especificamente ao ensino de nível superior, este livro pretende ajudar na compreensão desse fenômeno, de seus potenciais, de seus limites, daquilo que nos promete e daquilo que efetivamente pode propiciar quando bem utilizado. Mais uma vez, como dizia o sábio Espinosa: "Nem rir, nem chorar. Compreender".

1
Definições estratégicas: universidade, ensino superior, educação a distância

Comecemos então por distinguir ensino superior e universidade. A universidade não engloba apenas o ensino superior, já que comporta outras dimensões de atividade intelectual, pesquisa e sobretudo extensão. Em contrapartida, o ensino superior não é oferecido somente em instituições constituídas como universidades. No calor das polêmicas, frequentemente se desliza entre esses dois mundos, que são extremamente interligados, mas distintos.

Essa separação depende de outra, que em grande parte é uma diferença de grau, mas que, a partir de certo ponto se transforma em diferença qualitativa, separando radicalmente instituições, nas suas estruturas, nas suas finalidades e missões, nas suas formas de operar. Trata-se da delicada diferença entre:

- a propagação do conhecimento acumulado e considerado válido por meio do ensino e do treinamento, mas também de programas de difusão cultural e científica;
- a pesquisa acadêmica que busca o conhecimento novo, a pesquisa que frequentemente questiona o conhecimento já estabelecido, buscando novos modelos e novas visões de mundo.

Nem todas as instituições de ensino superior realizam essas duas atividades nas mesmas proporções e na mesma intensidade. Assim, entender essa diferença é essencial para a formulação das políticas de educação que um país precisa ter.

Velhos e novos públicos do ensino superior

Nas avaliações dos sistemas de ensino, costuma-se utilizar uma noção de "faixa etária adequada", que, para o ensino superior, é comumente demarcada entre 18 e 24 anos. Essa faixa etária (e sua mensuração) deve ser reconsiderada em países como o Brasil, em que parcela significativa dos estudantes não foi incorporada no "momento adequado". Em suma, essa faixa deveria ser estendida por alguns anos.

De qualquer modo, se temos como meta a ampliação da cobertura do sistema, convém identificar as diferentes maneiras pelas quais essa expansão pode ser feita, os tipos de programa e o desenho das instituições. Esses eixos ou critérios são:

- a diversificação das instituições: diferentes missões, estruturas, formas jurídicas e administrativas, esquemas de financiamento, modos de seleção de estudantes e de professores. A adoção de um "modelo único" parece ser um risco sério a evitar em qualquer estratégia de expansão realista;
- a descentralização: a capilarização na oferta parece corresponder a uma desejável capilarização na captura de talentos e disposições.

Cabe ainda listar duas novas razões sobre os motivos de buscar a descentralização e a capilarização do sistema:

- o custo e a facilidade de instalação;
- a eficiência para recrutamento e seleção (de estudantes e professores).[4]

Vale a pena lembrar um modelo extremado e bem-sucedido, mas polêmico, desse tipo de expansão, com diversificação e descentralização (capilarização). Trata-se dos sistemas de universidades e faculdades norte-americanas (os *colleges*), com seus variados modos de transferência, passarela e complementaridade.

---

[4] Como dizia um sábio do iluminismo francês, é mais fácil encontrar um gênio procurando em cem choupanas do que nas cem salas de um palácio.

Esse exemplo histórico pode ainda ser útil para listar algumas das funções virtuais do ensino de terceiro grau:

- corrigir deficiências do ensino médio (a *high school*), oferecendo uma educação "remedial" que suplemente o espírito dedutivo e experimental, a capacidade de dominar diferentes linguagens (inglês, matemática), com noções elementares de ciências;
- permitir um "primeiro acesso" que opere como teste para o indivíduo (o estudante) e para o sistema;
- viabilizar uma formação profissional inicial ou complementar (educação contínua, reciclagem de conhecimentos);
- viabilizar a educação "comunitária" e as atividades de difusão cultural que não necessariamente confiram certificações, diplomas e determinem carreiras.

Educação a distância

Desde logo, deve-se evitar a redução da "educação a distância" à ideia de ensino por computadores e redes virtuais. Deve-se encarar o termo como algo mais abrangente, que engloba diversas maneiras de organizar as atividades de ensino e aprendizagem, incluindo as diferentes formas de estimular e assistir o estudo independente, a autoinstrução. Agreguemos a isso um fato elementar em sociedades organizadas: o sistema escolar também tem a função de certificar e validar publicamente essa aprendizagem.

A educação a distância redefine noções como:

- o tempo do ensino e da aprendizagem, a "aula", a sessão de laboratório, etc.;
- o ambiente, o espaço dessas atividades (sala de aula, laboratório);
- o formato do público (a turma, a classe).

Ela nos obriga também a redefinir a figura do professor e o formato dos materiais e dos procedimentos didáticos. Esses conceitos e essas noções são flexibilizados ou remodelados.

O ensino a distância depende, desde logo e fortemente, de elementos que aparentemente são menos estratégicos no ensino presencial ou menos visíveis por conta da presença constante do professor junto ao estudante:

- a autodisciplina do estudante;
- a capacidade de autoinstrução;
- a qualidade dos materiais de autoinstrução;
- as formas de cooperação entre as instituições;
- um cuidadoso planejamento, divisão de trabalho, hierarquia.

O núcleo matricial do sistema parece ser a equipe de projeto, o grupo de professores e técnicos que produz seus elementos fundamentais:

- a concepção dos programas;
- os materiais instrucionais impressos, roteiros, guias, etc.;
- os materiais não impressos (vídeos, radioemissões, CDs, *softwares*, etc.);
- as provas e os testes de verificação rotineira do progresso de aprendizagem;
- os instrumentos de comprovação da aprendizagem e de certificação;
- os mecanismos de interação (listas de discussão, *home pages*, etc.).

As experiências recentes no ensino de terceiro grau se aplicam a diferentes naturezas de cursos, fins e missões. Há cursos de graduação oferecidos em formato inteiramente virtual. Há cursos de especialização (pós-graduação *lato sensu*). Há cursos de formação continuada e complementação profissional. Há cursos voltados para a difusão cultural e o "cidadão" (em alguma medida, substituta da indústria cultural, do jornalismo científico, etc.). Há ainda iniciativas de ensino de reforço ou "educação remedial" ou para a preparação de pré-universitários (cursos de acesso e de nivelamento, por exemplo).

Em alguns dos modelos existentes hoje, é essencial a composição de uma rede de polos presenciais ou centros associados em que os estudantes dispõem de biblioteca, locais de reunião e estudo, cibercafés e tutorias ocasionais. Em outros modelos, abre-se mão dessa rede, mas essa é uma opção bastante controversa. Também no aspecto das formas de oferta, existem algumas variantes. Em alguns casos, como a Open University britânica e a Universidad Nacional de Educación a Distancia da Espanha (Uned), temos instituições criadas especificamente para esse tipo de ensino e que inscrevem e certificam seus estudantes desde o começo nesse formato, não oferecendo educação presencial. Em outros, como em vários casos de universidades e faculdades norte-americanas, temos as instituições *dual mode*, instituições tradicionalmente presenciais que oferecem, crescentemente, cursos, disciplinas e até mesmo carreiras inteiras em formato virtual ou semivirtual. Há ainda a forma do consórcio de instituições, em que o estudante é matriculado numa instituição que tem um contrato de cooperação e compartilhamento de recursos com outras instituições, a fim de permitir transferências de certificações parciais.

Atividade delicada, difícil e decisiva, a produção dos recursos de suporte ao estudo independente merece consideração especial, requerendo cuidados específicos para a geração de livros didáticos, manuais, guias de estudo e de verificação (testes de autocontrole); *home pages*, listas de discussão; vídeos, *softwares*, materiais em CD-ROM, etc. O diagrama 1 parece sintetizar os pontos cruciais desse processo.

Diagrama 1. EaD: os elos da interação

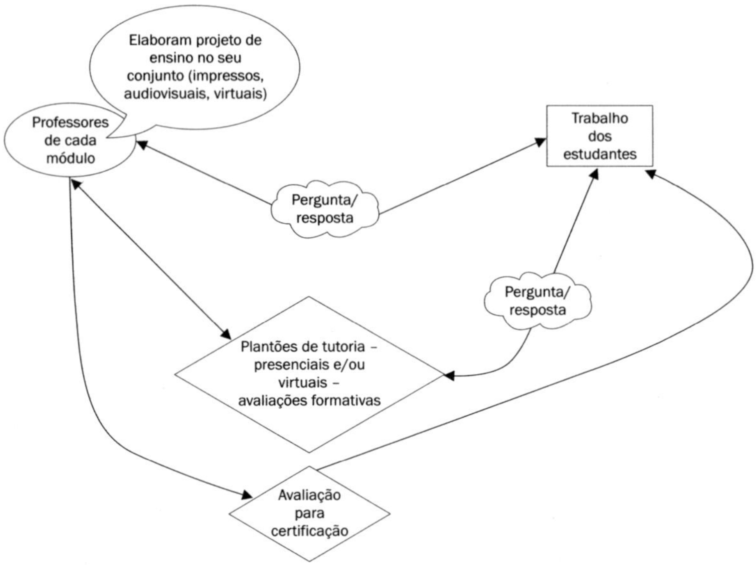

2
Educação a distância, aproximação inicial: relevância da teoria e da história

Metade da população mundial tem agora menos de 20 anos. Nosso conceito tradicional de ensino universitário negará o ensino superior a quase todos esses jovens. No entanto, fornecer educação e treinamento a eles não é só uma questão premente para os países em questão. Isso é uma bomba-relógio prestes a explodir nossa segurança coletiva. Sem uma ação vigorosa, muitos desses jovens serão desempregados, desconectados e instáveis. Num mundo global, isso é um problema global.

John Daniel, ex-vice-reitor da Open University e diretor da Unesco.

Neste capítulo, passearemos por uma literatura selecionada sobre o tema. Por meio dela, revisaremos alguns processos internacionais de educação a distância (EaD). É muito útil o estudo dessa literatura e dos processos apresentados e analisados. Antes de tudo, eles mostram que existe mais de um caminho para a EaD, evidenciam os problemas, os contextos e os resultados, esperados ou não, desejados ou não. Evidenciam também alguns pontos nodais, decisivos na determinação do sucesso ou do insucesso dos empreendimentos.

A educação a distância teve notável crescimento desde 1971, ano em que se iniciou a primeira "turma" da Open University inglesa. Desde esse período, lançaram-se muitos empreendimentos, produziu-se uma literatura abundante e frequentemente redundante. De acordo com o tom que nela predomina, esse manancial de estudos pode ser demarcado por quatro vetores:

- histórico-descritivo: narrativas sobre a evolução dos principais experimentos;
- analítico-teórico: estudos que tentam extrair desses experimentos uma reflexão, uma teoria, uma pedagogia. Identifica modelos, concepções e pressupostos pedagógicos;
- programático-normativo: busca opinar sobre a conveniência deste ou daquele modelo, procedimento, técnica;
- apologético-promocional: movido por convicção exacerbada (entusiasmo pouco crítico) ou por puro e simples interesse comercial, este tipo de literatura dá mesmo a impressão de que a EaD seria uma solução para os males humanos.

Contudo, há uma constatação reiterada nesses estudos e balanços. A educação a distância parece constituir uma tentativa de resposta a determinados desafios e necessidades novas. Um deles é a massificação do ensino superior – e, cada vez mais, a realização desse nível de formação fora da universidade (ou fora dos modelos de universidade de ensino, pesquisa e extensão). Outro desafio é constituído pelas situações vivenciais peculiares de contingentes significativos da população jovem e também dos adultos (os não jovens), que estão além da chamada "faixa etária adequada" de 18 a 24 anos e que demandam o ensino superior que não tiveram. Essa circunstância tem levado alguns a chamar a EaD de "universidade de segunda chance". Existe ainda a situação do "não jovem" que busca complementação ou atualização daquela formação que já teve (extensão, formação permanente, pós-graduação ou uma segunda carreira).

Há ainda outro desafio – ou, quem sabe, uma variante daquele citado anteriormente. As alterações produzidas pelo puro e simples *prolongamento* das expectativas de vida são visíveis também no modo como as pessoas são chamadas a redistribuir suas "fases": já é menos nítida a caracterização da infância e da adolescência como "etapas da escola" ou da aprendizagem e da idade adulta como "etapa do trabalho". Também se redefine aquilo que o indivíduo precisa saber para exercer determinada atividade. Em suas diferentes formas, a escola provavelmente deixará de ser um momento definido e fechado da juventude. Ela tenderia a se distribuir diferentemente ao longo da vida dos indivíduos – *long-life learning* é uma expressão cada vez mais repetida no jargão da educação a distância. Nesse sentido, o desenho dos cursos também se redefine.

Para ter uma ideia do impacto dessas mudanças históricas, basta um pequeno exercício retrospectivo. Pensemos no Brasil de 1930, aquele que se preparava para entrar na era do desenvolvimento industrial acelerado, da unificação nacional, dos cinquenta anos que transformariam o país agroexportador e rural em um país predominantemente urbano e industrial. Em 1930, a expectativa média de vida do brasileiro girava em torno dos 50 anos. Em contrapartida, o conhecimento científico reconhecido como válido, aquele com o qual o indivíduo tivesse contato no fim do ensino médio ou na faculdade, perduraria como válido até sua morte. O conhecimento tecnológico embutido nos instrumentos e nos processos produtivos que marcavam sua vida cotidiana também seria, na data de sua morte, bastante próximo daquele da sua juventude, o que poderia ser representado pelo diagrama 2.[5]

[5] A imagem foi sugerida pela exposição do prof. Hermano Carmo, em sua comunicação no II Simpósio de Educação a Distância em Países de Língua Oficial Portuguesa (Lisboa, outubro de 2008).

Diagrama 2. Conhecimento X vida, 1900

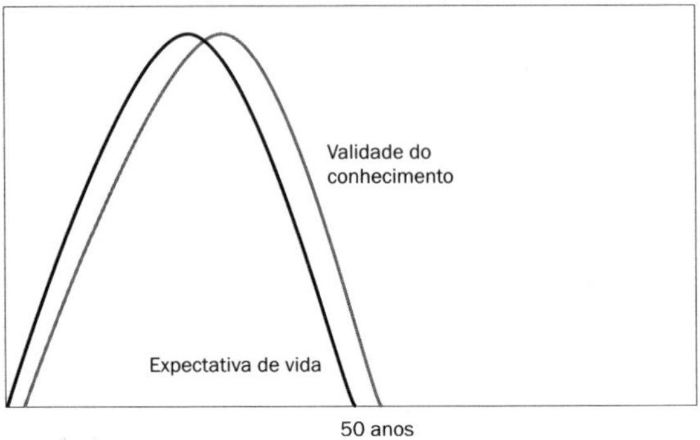

Porém, no início do novo milênio, a expectativa média de vida no Brasil já passou dos 70 anos e em breve deve se aproximar da casa dos 80. Em contrapartida, a renovação do "selo de validade" do conhecimento científico e das aplicações tecnológicas que povoam a vida desse indivíduo mostra-se bastante curta: aquilo que nosso jovem aprendeu para prestar vestibular já passou por várias renovações e transmutações. O mesmo ocorreu com os instrumentos técnicos que cercam sua vida cotidiana. Nossa imagem agora seria outra, como no diagrama 3.

Diagrama 3. Conhecimento X vida, 2000

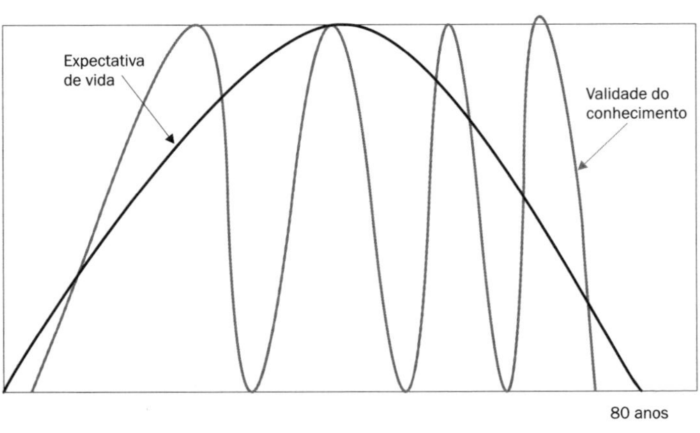

Como resposta peculiar a essas necessidades, desafios e expectativas, a EaD parece ter sido enormemente potencializada por alguns fatores:

- experiências anteriores de processos e empreendimentos que propiciam o estudo independente (ou a autoinstrução), tais como ensino por correspondência, ensino supletivo, etc.;[6]
- existência de tradições na produção (já em escala industrial) de materiais didáticos para esse tipo de aprendizagem (livro didático ou de estudo independente);
- popularização e barateamento de novas tecnologias de comunicação (a telemática).

A educação a distância é frequentemente associada a esse terceiro fator – relativo ao uso das tecnologias da informação e da comunicação (TICs). No entanto, vale estabelecer uma diferença importante. Quando falamos do acesso a novas tecnologias de comunicação, de fato trata-se de dois tipos de acesso (e dois tipos de barreira): o acesso tecnológico (disponibilidade física de equipamento, *software*, energia elétrica, linhas de telefone, etc.) e o acesso social (além da renda, os conhecimentos, as habilidades e os hábitos de uso desses recursos). Os dois aspectos não são iguais. Muitas vezes, a "democratização" em um desses vetores se faz sem o outro, em detrimento do outro e mesmo à custa daquele. Um dos maiores riscos no ufanismo por vezes notado no discurso dos defensores da EaD é o obscurecimento dessa diferença.

---

6 Interessante estudo a respeito pode ser visto em: Joseph F. Kett, *The Pursuit of Knowledge under Difficulties: from Self-Improvement to Adult Education in America (1750-1990)* (Stanford: Stanford University Press, 1994). Também vale a pena ver: Arthur Levine & Jana Nidiffer, *Beating the Odds: how the Poor Get the College* (São Francisco: Jossey-Bass, 1996). Particularmente instigante, neste último estudo, é a pergunta que o anima: "Tendo em vista o modo como esses estudantes conseguiram superar as dificuldades, é possível reproduzir esses fatores e oferecer para os 'desafortunados' oportunidades de acesso ao ensino superior?".

Pontos de estrangulamento previsíveis

O estudo desses processos evidencia também os pontos nodais desses experimentos, para os quais o poder público precisa destinar atenção especial:

- a preparação dos professores, aqueles que planejam fins e caminhos, cronometram o processo, definindo suas etapas, planejam a interação e o *feedback*, avaliam e certificam;
- a preparação dos tutores, que orientam, estimulam, referendam ou retificam a trajetória do aprendiz "solitário";
- a produção de material didático, que viabiliza o estudo independente, dá suporte ao processo de autoinstrução, de construção do conhecimento em condições adversas e não convencionais;
- as "disciplinas" estratégicas que constituem o *habitus* necessário para a progressão. Neste item, têm papel decisivo a aprendizagem de códigos fundamentais, as linguagens e os conhecimentos basilares, de longa duração.

Sublinho aqui o último item. A massificação do ensino superior – e disso não poderia escapar a educação a distância – precisa enfrentar uma grande dificuldade: a qualidade claudicante dos ensinos fundamental e médio, sobretudo no desempenho das capacidades estratégicas (ler, escrever, calcular) por parte dos estudantes. Por conta dessas deficiências, o contingente já reduzido que chega às portas do ensino superior brasileiro tem muita dificuldade em "ler o mundo", condição básica para operá-lo. A deficiência aparece na dificuldade de manipulação dos "códigos básicos", pois:

- segundo Galileu, o mundo é escrito em linguagem matemática;
- a cultura é transmitida pela linguagem culta, escrita;
- é essencial o domínio de idiomas que atravessam fronteiras (inglês, espanhol);

- vivemos num cotidiano mediado pelos conhecimentos tecnocientíficos (ciências naturais);
- nos movemos num complexo e delicado espaço social (geografia humana).

Reparemos que, na lista apresentada anteriormente, os pontos frágeis de nossa cultura escolar aparecem em escala de prioridades. De forma alguma, isso é peculiar ao Brasil. No entanto, esse reconhecimento não nos deve servir de consolo, mas, sim, para que possamos aprender com a experiência alheia. Senão, vejamos.

Dezenas de estudos sobre o ensino superior norte-americano apontam esse problema – a formação deficiente do ensino médio e a carência, entre os jovens que ingressam nas faculdades, de habilidades e conhecimentos minimamente adequados à progressão nos cursos superiores. A situação se agrava, por suposto, nas famílias pobres, sobretudo de negros e hispânicos – famílias em que esse jovem é o primeiro, em gerações, que tem a oportunidade de chegar à faculdade (quando não à própria escola). Imagine a situação da Califórnia – onde quase metade do contingente matriculado nas faculdades públicas vivia essa situação e, em suas casas, falava algo que apenas de longe se aproximava do inglês culto requerido para a leitura dos livros-texto. O que ocorreu em grande parte das escolas superiores norte-americanas, sobretudo depois de 1980, foi a criação de programas de "educação remedial", fundamentalmente voltados para os chamados "três erres": *reading, riting, rithmetic.*[7]

Atravessemos o mapa e desembarquemos em nosso vizinho mais educado, a Argentina. Um estudo sobre suas universidades privadas revela que 55% dessas instituições utilizam um sistema não seletivo de admissão de estudantes. Um terço delas

---

[7] Corruptelas de "ler", "escrever" e "calcular" em inglês. Sobre esse aspecto da educação superior norte-americana, ver, por exemplo: Christopher J. Lucas, *American Higher Education: a History* (2ª ed. NovaYork/Hampshire: Palgrave MacMillan, 2006), caps. 7 e 8; Arthur M. Cohen & Florence B. Brawer, *The American Community College* (São Francisco: Jossey-Bas, 1996), cap. 9; W. Norton Grubb (org.), *Honored But Invisible: an Inside Look at Teaching in Community Colleges* (Nova York/Londres: Routledge, 1999), diversos capítulos, mas principalmente cap. 5.

desenvolve cursos compensatórios de nivelamento para diminuir as evasões provocadas por deficiências do ensino médio. Nesses cursos – com ênfase em matemática e espanhol –, a educação a distância é bastante utilizada.

Diversidade de caminhos, traços em comum

Há muitas décadas, fala-se da *correspondence education* no Reino Unido, pátria da primeira Open University, que popularizou o uso do *distance teaching*. Nos Estados Unidos, são usuais, desde o século XIX, os experimentos de *independent study* ou *home study*. Na França, o *télé-enseignement* e a *formation a distance* não são novidade. Na Alemanha, *Fernstudium* e *Fernunterricht* já ganharam respeitabilidade.

Em todos esses casos, duas ideias fortes caracterizam a "nova" educação: abertura e liberdade. Matrícula livre, lugar livre, tempo livre, métodos livres, ideias livres, combinação livre de conteúdos e programas, como se fora uma "escola *à la carte*", reinventada constantemente. Uma anedota norte-americana diz que, em nossos dias, deve-se substituir a educação *just in case* ("aprender tudo aquilo que um dia, quem sabe, terá uso") pela educação *just in time* ("adequada ao uso mais imediato") e pela educação *just for you* ("adequada a situações e públicos específicos"). Descontemos o evidente exagero da simplificação e o fato de, em razão disso, ignorar o conhecimento de longo alcance e de relevância não imediatamente reconhecida. Ao lado das promessas de liberdade dessas fórmulas, aparecem os desafios da indefinição, a ausência de fórmulas conhecidas e assentadas, a necessidade de reinventar nossos mapas conceituais.

A educação a distância difundida desde os anos 1970 tem algo mais que a simples separação entre professor e estudante (que, afinal, já existia no velho ensino por correspondência e no autodidatismo). Nela, demarca-se a influência de uma *organização* educativa que a distingue do estudo individual, privado. De um lado, tem-se a "individualização" da aprendizagem. De outro, trata-se do acesso a um conjunto centralizado de recursos, do acesso a redes de distribuição de "informação" educativa pela mídia impressa e pela correspondência, mas também por meio do rádio, da tevê, do telefone e das redes de computadores.

Outro paradoxo que marca os experimentos é o fato de o uso de novos meios técnicos, que vão além do ainda decisivo material impresso, permitir uma união maior entre professor e estudante – a educação a distância é cada vez mais educação sem distância, educação que combate ou reduz distâncias de vários tipos, não apenas as espaciais. Permite até mesmo a existência de uma comunicação em direção dupla, um diálogo mais frequente. Alguns dos estudiosos têm lembrado quanto esse modelo de educação acentua as formas "industrializadas" e massivas do ensino contemporâneo, formas que exploram a divisão do trabalho, os ganhos de escala, a hierarquia e a especialização de funções. Curiosamente, isso parece coexistir (e até mesmo facilitar) a realização de aprendizagens extremamente flexíveis e individualizadas nos conteúdos e nos ritmos. Mais um paradoxo, mais um desafio: tirar proveito da "massificação" e evitar seus efeitos deletérios.

As vantagens da perspectiva histórica

A década de 1970 registrou a multiplicação de instituições de ensino superior a distância. Alguns marcos são relevantes:

1971 – Começa a funcionar a Open University, em Londres (Inglaterra)

1973 – Começa a funcionar a Universidad Nacional de Educación a Distancia da Espanha, em Madri

1975 – Transformação da Athabasca University do Canadá em universidade a distância

1975 – Início da Fernuniversitat, em Hagen (Alemanha)

1977 – Fundação da Universidad Abierta de Venezuela

1978 – Criação da Uned Costa Rica

Algumas das instituições criadas de fato no início dos anos 1980 foram largamente preparadas nos anos 1970, como a Open University dos Países Baixos e a University of the Air, no Japão.

Os anos 1980, contudo, identificam-se com outro tipo de salto na história da EaD. Aí se evidencia a solução de problemas técnicos de acesso, sobretudo com o desenvolvimento acelerado das chamadas tecnologias da informação e da comunicação, da fibra ótica, da tevê a cabo, dos satélites, das redes de computadores – tudo isso passa por uma enorme expansão, popularização e barateamento.

Esses saltos tecnológicos foram absolutamente essenciais para criar uma situação radicalmente nova, em que professores e estudantes estão em lugares diferentes, momentos diferentes e, por vezes, conectados permanentemente (24 horas por dia, sete dias por semana). Estudantes recebem material didático organizado e/ou produzido pelo professor, com ele se comunicam e recebem *feedback* sobre o que estão fazendo, substituindo em certa medida a interação face a face da sala de aula. E, de quebra, os recursos de expressão do professor – para "apresentar" o mundo ao estudante – são superiores ao velho quadro-negro.

Há muitas razões para observar atentamente os diferentes processos de evolução da EaD. Uma delas é a percepção de que há mais de um caminho para essa evolução – diferentes modelos, com diferentes contextos, diferentes padrões de dificuldade na implementação e na aceitação (difusão).

Pelo exame dessas histórias de sucesso e de impasse também é possível observar como se alteram e se diversificam os tipos (ou estereótipos) de estudantes almejados ou "alvejados" pela EaD, como eles se redefinem. Não basta pensar no estudante insulado em colinas, sertões, desertos, em postos de fronteira e bases militares, em plataformas marinhas e navios, em hospitais e presídios.[8] É preciso saber enxergar outros "confinamentos",

---

8 Universidades como a Universidad Nacional de Educación a Distancia da Espanha (Uned) têm programas dirigidos a presidiários. O uso da educação a distância nas forças armadas é estudado em: Robert A. Wisher; Mark A. Sabol; Franklin L. Moses,

como aqueles da "multidão solitária", a "aglomerada solidão" da grande metrópole – e, nela, o estudante que vive com uma agenda sobrecarregada ou tumultuada por turnos de trabalho aleatórios, mutantes, compromissos familiares e sociais pouco previsíveis, vulnerabilidades e deficiências diversas.

Desse modo, é preciso compreender a educação a distância em função de outras mudanças em nossos tempos. Assim, a perspectiva histórica não se limita apenas à interpretação do caminho trilhado, mas à antecipação dos caminhos possíveis. Nesse sentido, vale citar que os alunos tradicionais de faculdade, que frequentam o curso em tempo integral e moram no *campus*, não têm demonstrado muito interesse na educação a distância. Mas eles representam menos de 20% da população universitária atual. A nova maioria dos estudantes universitários é muito diferente: eles são mais velhos, frequentam as aulas em tempo parcial, têm emprego, família e vivem fora do *campus*. Diferentemente dos alunos tradicionais, os não tradicionais não consideram a faculdade o centro de suas vidas. Por consequência, muitos alunos mais velhos, de período parcial e que trabalham, especialmente aqueles que têm filhos, declararam em um estudo nacional que desejavam um tipo de relação muito diferente com suas faculdades. Eles preferem relações semelhantes àquelas que já têm com os bancos, as empresas de energia e os supermercados. Eles querem o que querem, quando e onde precisam e a um preço que possam pagar.

A questão principal é que os estudantes adultos mais velhos de hoje trazem para o ensino superior suas atitudes de consumidor. Eles exigem quatro características de suas faculdades: conveniência, serviço, alta qualidade e preço baixo. Eles não pretendem pagar por atividades e serviços que não usam, para contratar um corpo docente para oferecer cursos eletivos a que eles não assistirão, por prédios como uma capela ou uma associação estudantil que eles não frequentarão. Eles estão pedindo

---

"Distance Learning: the Soldier's Perspective", em *ARI Special Report*, nº 49, U. S. Army Research Institute for the Behavioral and Social Sciences (Alexandria, maio de 2002), disponível em http://www.ari.army.mil.

uma versão simples do ensino superior, sem os "extras". Os estudantes adultos mais velhos são os melhores candidatos ao ensino a distância ou à instrução presencial em distritos comerciais próximos ou em regiões periféricas, com calendários e horários convenientes e flexíveis.

> Os fundadores da University of Phoenix entenderam isso... A University of Phoenix oferece um número limitado de cursos de especialização, graduação e pós-graduação, com poucas eletivas e instrução por meio de um corpo docente que trabalha em tempo parcial a partir de um currículo padronizado em horários e lugares convenientes aos alunos.[9]

Também é o que nos indica um dos principais estudiosos (e militantes) da educação a distância, A. W. Bates:

> Provavelmente, a coisa mais significativa para a educação a distância é a crescente importância do aprendizado constante. [...] Um aprendiz constante típico é alguém que trabalha geralmente em tempo integral, em indústrias ou serviços de alta tecnologia, com família, vida social e pessoal muito rica. Esse tipo de aluno exige um conteúdo pessoalmente relevante e *just in time*, apresentado de forma conveniente e com flexibilidade.
>
> [...] Eles se interessarão mais por pequenos módulos e programas curtos, por qualificações que podem ser construídas a partir de pequenos módulos ou cursos, e por aprendizagem que pode ser feita em casa e encaixada nas obrigações de trabalho, família e vida social. [...] O mercado para o aprendizado constante é enorme. A Conference Board of Canada (1991) estima que "trabalhadores do conhecimento" precisam de, no mínimo, o equivalente a três meses de educação ou treinamento a cada cinco anos apenas para se manterem competitivos em suas áreas.[10]

---

9 Arthur Levine & Jeffrey C. Sun, *Barriers to Distance Education*, American Council on Education Center for Policy Analysis (Washington, 2002), disponível em http://www.acenet.edu/bookstore/pdf/distributed-learning/distributed-learning-06.pdf.

10 A. W. Bates, *Distance Education in Dual Mode Higher Education Institutions: Challenges and Changes*, 2000, disponível em http://bates.cstudies.ubc.ca/papers/challengesandchanges.html.

Essa situação, lembra Bates, colocará diante das universidades e diante dos formuladores de políticas públicas situações novas, desafiadoras e complexas:

> Não obstante, a ameaça ao setor público é real. O setor privado se concentrará naquelas áreas em que os lucros são obtidos mais facilmente, como nos programas voltados para a área de negócios e nos cursos de tecnologia da informação. No entanto, deixará para o setor público aquelas áreas que não geram lucro, como muitos programas de artes, ciências sociais e possivelmente as ciências da saúde, em razão de seu alto custo. Com a perda do subsídio cruzado (em que uma atividade lucrativa subsidia outra que dá "prejuízo"), o ensino superior terá cada vez mais problemas financeiros.[11]

Passaremos, portanto, no próximo capítulo, a uma primeira análise das experiências internacionais. Nos capítulos seguintes, revisaremos tópicos e problemas que a literatura elegeu como prioritários e urgentes. A conjugação dessa recomposição histórica e dos debates analíticos talvez nos ajude a encarar os desafios e os paradoxos apresentados até aqui.

---

[11] *Ibidem.*

3
Experiência internacional: evolução de alguns modelos de educação a distância, uma primeira síntese

A educação a distância desenvolveu-se muito velozmente nos países capitalistas desenvolvidos. Porém, não apenas neles. No chamado Terceiro Mundo, também floresceram vários experimentos – na Ásia oriental, na África, no Oriente Médio, na América Latina, na Austrália. E, no "segundo mundo", aquele que era chamado de socialista, também são várias as experiências dignas de nota.

Assim, quem olha a antiga União Soviética pode lembrar das iniciativas do Instituto Politécnico de Moscou, desde antes da Segunda Guerra Mundial. O próprio Stálin era admirador do ensino por correspondência como um modo rápido, barato e eficiente de aumentar a formação de técnicos. No momento em que se desmanchou, a União Soviética contava com pelo menos duas dezenas de escolas a distância, os Institutos Nacionais de Ensino por Correspondência, a maioria em Moscou. Outro caso interessante é uma escola de nível técnico criada na Polônia, destinada a agricultores e fortemente baseada no uso da tevê (Telewizyjne Technikum Rolnicze). Criada por iniciativa do IV Congresso da Juventude Socialista Rural, em 1970, visava diminuir a diferença de acesso à educação – que era muito grande entre as áreas rurais e urbanas da Polônia.[12]

---

[12] É evidente que essa nao é uma característica exclusiva da Polônia. Para uma síntese dessas diferenças de acesso no caso brasileiro, ver, por exemplo: José Graziano da

Também com esse viés, a EaD foi (e ainda é) extremamente valorizada em Cuba[13] para a formação de técnicos e professores, a educação de adultos, o treinamento e a atualização de médicos, enfermeiros, agentes sanitários e profissionais de extensão rural.[14]

No entanto, a experiência mais assombrosa – e claro, monumental – é a da China, a que dedicaremos uma nota mais detalhada adiante.

Em 1973, no momento em que decolavam as primeiras *open universities*, Robert Lefranc produziu um relatório para o Conselho da Europa em que distinguia quatro tipos de sistema de educação a distância em funcionamento nos países industrializados:

1. organismos dependentes de uma universidade;
2. sistemas em que a EaD fica sob a jurisdição de algum tipo de comitê especial subordinado ao Ministério da Educação;
3. associações e consórcios de diferentes formatos;
4. sistemas de EaD criados por iniciativa de empresas de comunicação (radio e tevê) que estabelecem programas

---

Silva, *O novo rural brasileiro* (Campinas: Instituto de Economia da Unicamp, 2002), pp. 103-106.

13 Cf. Antonio Miranda Justiniano, *La educación a distancia y la diversidad: el modelo cubano*, Facultad de Educación a Distancia, Universidad de La Habana (Havana, 2008), disponível em http://www.udgvirtual.udg.mx/biblioteca/bitstream/123456789/181/2/XIEI-ModeloCubano-UdeG.pdf. Ver também José B. Jardines Méndez, "Tele-educación y tele-salud en Cuba: mucho más que desarrollo tecnológico", em *Acimed*, 13 (4) (Havana, jul.-ago. de 2005), disponível em http://bvs.sld.cu/revistas/aci/vol13_4_05/aci07405.htm.

14 O uso da educação a distância para as atividades de trabalho social tem sido enormemente enfatizado pela literatura. Ver, por exemplo, os interessantes estudos reunidos em Paul Abels (org.), *Distance Education in Social Work* (Nova York: Springer, 2005). Esse tema está ainda fortemente conectado a uma velha e decisiva política de interiorização do desenvolvimento, a extensão rural. Quem lê os relatos a respeito dessa atividade em países como os Estados Unidos ou em regiões como o interior de São Paulo percebe a relevância que nela tiveram certas práticas de educação a distância. Alexander G. Flor, da Open University das Filipinas, dedicou vários artigos ao tema da educação a distância no mundo rural. Ver Alexander G. Flor, *Ase Study for the Philippines: the Open Academy for Philippine Agriculture*, disponível em http://www.upou.org/papers/AGFlor_2007/2006FAOHAEIA.pdf.

de cooperação com universidades e instituições de ensino e pesquisa em geral.

No primeiro tipo, Lefranc distinguia ainda três subdivisões ou situações específicas:

1.1 um centro ou instituto dedicado à EaD, mas inserido numa universidade ou instituição de ensino superior "tradicional", ou seja, majoritariamente presencial;

1.2 uma universidade dedicada exclusivamente à EaD;

1.3 um grupo de centros ou universidades que criam algum tipo de rede cooperativa especificamente para oferecer esse tipo de ensino.

No primeiro caso (1.1), estariam, por exemplo, os Centres de Télé-Enseignement Universitaires da França, originados das chamadas Radios Propedeutiques (fundadas em 1963) e das Radios Universitaires.

O segundo grupo (1.2) seria composto de instituições como a British Open University (que foi fundada em 1969 e matriculou sua primeira turma em 1971), a Universidad Nacional de Educación a Distância da Espanha (Uned, criada em 1971), a Fernuniversitat de Hagen (na Alemanha) e a Open University dos Países Baixos (já no início dos anos 1980). No Canadá, existe a Athabasca University, também inteiramente dedicada à EaD. Em Israel, a Everyman's University. No Japão, a University of the Air, que formou seu comitê de preparação em 1969, mas só começou a funcionar em 1984.

O terceiro tipo (1.3) estaria amplamente representado na França, onde se verificou a tendência em direção a federações de universidades e centros interuniversitários. Esta seria uma primeira tentativa de classificar e comparar as formas das instituições e seus modos de funcionamento.

Em 1997, John Daniel, vice-reitor da Open University britânica e diretor da Unesco, organizou uma lista indicando as onze megauniversidades do mundo, isto é, as *open universities* que naquele momento matriculavam mais de 100 mil estudantes por ano (tabela 1).

Tabela 1. As megauniversidades do mundo (1997)

País	Nome da instituição	Data de criação	Estudantes em cursos regulares	Graduados por ano
China	China TV University System	1979	530.000	101.000
França	Centre National d'Enseignement à Distance	1939	184.614	28.000
Índia	Indira Gandhi National Open University	1985	242.000	9.250
Indonésia	Universitas Terbuka	1984	353.000	28.000
Irã	Payame Noor University	1987	117.000	7.563
Coreia	Korea National Open University	1982	210.578	11.000
África do Sul	University of South Africa	1873	130.000	10.000
Espanha	Universidad Nacional de Educación a Distancia	1972	110.000	2.753
Tailândia	Sukhothai Thammathirat Open University	1978	216.800	12.583
Turquia	Anadolu University	1982	577.804	26.321
Reino Unido	Open University	1969	157.450	18.359

Fonte: John Daniel, *Mega-Universities and Knowledge Media: Strategies for Higher Education* (Londres: Kogan Page, 1998).

China: educação rural e as tecnologias da informação e da comunicação[15]

O gigante chinês assombra e assusta o mundo no novo milênio. Grande em território e em população, tem demonstrado uma capacidade de crescimento econômico sem precedentes e aparentemente sem limites. Ainda assim, a China tem um traço comumente associado a países subdesenvolvidos: mais de 70% de sua população vive no meio rural.

A agricultura é a principal fonte de subsistência nessas regiões, e o setor responde ainda por grande parte do produto interno bruto (PIB). O governo chinês busca aumentar a produtividade desse setor por meio da tecnologia e da educação.

Com economia centralmente planificada – outrora denominada "socialista" –, a China adota o que alguns chamam de "abordagem radial" no desenvolvimento de suas estruturas de telemática. O país desenvolve tecnologia de satélites e fibra ótica para a infraestrutura de TICs no mundo rural e, atualmente, possui um respeitável serviço de satélites. Os centros de disseminação (*e-centers*) são redes centralizadas. Por meio deles, o Ministério da Agricultura cria escritórios, centros de informação, provisão de serviços, centros de educação e extensão, buscando constituir também uma rede de bibliotecas para agricultores. Esses *e-centers* são parte de uma rede de educação a distância denominada Central Agricultural Broadcasting and Television School (CABTS).

A CABTS foi criada em 1980 basicamente para oferecer treinamento no sentido de aumentar a produtividade agrícola. Evidentemente, dirigia-se a agricultores (notadamente jovens e mulheres do campo), líderes locais e profissionais dos serviços de extensão rural. Hoje, ao que se sabe, atende cerca de 1 milhão de matriculados por ano.

---

[15] Cf. Alexander G. Flor, *Social Capital and the Network Effect: Implications of China's Learning and Rural ICT Initiatives*, disponível em http://www.upou.org/books/2004ADBI1.htm.

A CABTS Network tem uma escola central em Pequim, 38 escolas provinciais, 330 escolas municipais, 2.405 *county schools*, 23 mil centros em aldeias, totalizando uma equipe de mais ou menos 50 mil pessoas. Utiliza rádio e tevê, internet banda larga ou sem fio, mas também recursos tradicionais impressos.

Open University do Reino Unido[16]

Criada em 1969 e iniciando sua primeira turma em 1971, a Open University é hoje a maior universidade do Reino Unido, com cerca de 150 mil alunos de graduação e 30 mil de pós-graduação. Os estudantes de graduação, na maioria, são alunos de "tempo parcial", porque trabalham em "tempo integral". Cerca de 50 mil desses estudantes são patrocinados por seus empregadores.

A Open University tem uma sede (em Milton Keynes) onde funciona sua biblioteca e na qual são instalados os serviços de suporte, incluindo o sistema de conferência *on-line*, o FirstClass. Possui ainda um conjunto de treze *regional centres*, que se incumbem de alguns serviços essenciais para o sucesso dos seus estudantes:

- ajuda para escolher cursos, disciplinas e planejar carreiras;
- pagamento de taxas, discussão de financiamentos, empréstimos e patrocínios;
- efetivação de reservas em cursos;
- apoio ao progresso do estudante;
- atividades de revisão e de teste;
- obtenção de equipamento/material para estudo, incluindo alunos com necessidades especiais.

A Open University tornou-se referência e modelo para numerosas outras iniciativas na Europa, nos Estados Unidos e na Ásia. Muitos de seus métodos foram estudados, copiados

---

[16] Open University Reino Unido (http://www.open.ac.uk/new/what-is-the-ou.shtml).

e adaptados, materiais foram traduzidos e reproduzidos. No Brasil, há várias décadas, a Universidade de Brasília (UnB) firmou uma cooperação para utilizar os materiais da Open University num curso a distância de ciência política e relações internacionais.

Alguns dos cursos da Open University incluem atividades tutoriais mais constantes, geralmente realizadas nos centros regionais. Outros exigem atividades presenciais esporádicas em locais previamente estabelecidos.

As atividades de tutoria dão ao estudante a chance de encontrar um orientador de estudos e colegas – mas sempre com atividades livres, não obrigatórias. Mas há cursos que exigem atividades presenciais mais constantes. Os tutores – designados para acompanhar um pequeno número de estudantes – em geral são especialistas em determinado tema, muitos deles ex-alunos da própria British Open University. A maior parte trabalha em tempo parcial para a universidade e tem outras ocupações. Os tutores comunicam-se com os estudantes por correspondência, *e-mail* e listas de discussão – mas também por sessões de tutoria presenciais previamente agendadas.

Estados Unidos: experiências variadas

Uma longa tradição marca a história norte-americana do ensino a distância. O ensino por correspondência ganhou enorme impulso com o desenvolvimento das ferrovias e dos correios e o consequente barateamento da imprensa. Somem-se a esses impulsos "de insumo" aqueles derivados da "demanda", a necessidade de educar e socializar migrantes de todo tipo e a extrema mobilidade geográfica da população. No início do século XX, adicionou-se ao papel impresso o componente elétrico ou eletrônico, inicialmente com as transmissões radiofônicas, a produção de filmes e animações didáticas e posteriormente com o advento da televisão. Rapidamente, como era de esperar num país construído basicamente por meio de campanhas guerreiras, entraram em cena as necessidades de educação (e entretenimento) dirigidas a centenas de milhares de militares mobilizados nos quatro cantos do mundo. Veja, por exemplo, que Charles Wedemayer, um dos pioneiros no envolvimento das universidades norte-americanas com a EaD, deu um grande passo nessa direção associando a University of Wisconsin (Madison) ao U. S. Armed Forces Institute, que na época era a maior organização de ensino a distância do mundo, com um universo discente calculado em 500 mil estudantes.

Em termos mais restritos, contudo, pode-se dizer que a primeira "universidade aberta" dos Estados Unidos foi criada em 1971 – o New York State's Empire State College (Nyses),[17] hoje com 35 unidade distribuídas pelo estado de Nova York. O estudante tem sempre um "mentor" que acompanha sua vida acadêmica, podendo se matricular em cursos de diversos tipos. Existem os *guided independent study*, cursos que o estudante e o mentor criam e completam, em dupla, comunicando-se pessoalmente, por *e-mail* ou telefone. Há ainda os *study groups*, com reuniões periódicas na forma de seminários, e os cursos de *cross registration*, em que o estudante pode assistir a aulas em outras faculdades e universidades que atendam a seus interesses e requisitos de formação. Os cursos *on-line* propriamente ditos (inteiramente virtuais) podem ser somados ou combinados a cada um desses.

Um levantamento sistemático feito em 2003 pelo Departamento de Educação norte-americano[18] verificou que mais da metade das instituições de ensino superior oferecia algum tipo de educação a distância – ensino elementar ou secundário, terciário, educação de adultos, formação contínua ou profissional, entre outros. E muitas outras ainda planejavam fazê-lo nos próximos três anos. Cerca de 30% não ofereciam e não planejavam atividades desse tipo nesse período. Um aspecto in-

---

17 New York State's Empire State College (http://www.esc.edu/esconline/online2.nsf/html/howyoustudy.html).

18 Tiffany Waits; Laurie Lewis; Bernard Greene (orgs.), *Distance Education at Degree-Granting Postsecondary Institutions (2000-2001)* (Washington: National Center for Education Statistics, 2003), disponível em http://nces.ed.gov.

teressante é que esse movimento ascendente era protagonizado em grande medida por instituições públicas.

As instituições que mais ofereciam e eram mais propensas a oferecer educação a distância eram as instituições públicas, mais que as escolas privadas. Entre 2000 e 2001, cerca de 90% das faculdades públicas (de dois ou quatro anos) ofereciam cursos a distância, comparadas a 16% das instituições privadas. As instituições que ofereciam diferentes tipos de cursos de nível superior (graduação, especialização, pós-graduação) somavam 55%. Aquelas que ofereciam apenas graduação representavam 22% e as de pós-graduação, 48%. Nesse mesmo período, havia aproximadamente 3,1 milhões de estudantes matriculados em cursos a distância, cerca de 2,8 milhões em nível superior, destes, 82% na graduação.

Quase 20% das instituições ofereciam cursos a serem realizados inteiramente a distância, o que também era mais forte entre as instituições públicas. Entre as instituições que ofereciam EaD, cerca de 60% participam de algum tipo de consórcio – em nível nacional, estadual, internacional, em convênio com universidades maiores, com um distrito de *community colleges*, etc. Essa tendência dos consórcios entre diferentes instituições parecia mais forte também entre as instituições públicas.

Na década de 1990, surgiram grupos inovadores na área, alguns com continuidade, outros não. Muitos foram registrados pelo American Council on Education (ACE).[19]

Alguns desses inovadores, como a University of Maryland, desenvolvem e oferecem seus próprios cursos. Outros, como a Western Governors University, não criam cursos e conteúdos próprios, mas funcionam como uma espécie de engrenagem ou distribuidor, conectando provedores e estudantes.

---

19 ACE Fact Sheet on Higher Education, *Frequently asked Questions About Distance Education*, 2000, disponível em http://www.acenet.edu.

Western Governors University

Criada em 1998, a Western Governors University é uma cooperativa de dezenas de faculdades e universidades, em dezenove estados do oeste norte-americano. Conta ainda com o patrocínio de dezenas de empresas, que participam de sua gestão.

University of Maryland/ University College

Atualmente, a University of Maryland oferece dezenas de cursos inteiramente *on-line* (graduação, pós-graduação, especializações profissionais, etc.). Os estudantes residentes no estado têm desconto nas taxas. Os cursos utilizam um *software* que dá acesso a materiais de biblioteca e notas de cursos produzidos pelos professores, permitindo ainda o envio de "tarefas" e trabalhos de conclusão, padronizando a comunicação entre estudante e professor e também entre os estudantes da "classe".

Southern Regional Electronic Campus

No fim dos anos 1990, o Southern Regional Education Board (SREB) criou o Southern Regional Electronic Campus, oferecendo cursos *on-line* em dezesseis estados do sul dos Estados Unidos. O Electronic Campus cria um dispositivo de matrículas, inscrições e informações sobre regras e custos. Por meio dele, os estudantes entram em contato com a escola em que pretendem se inscrever. Atualmente, o *site* do Electronic Campus registra mais de novecentas instituições associadas (universidades e faculdades) de dezesseis estados do sul dos Estados Unidos.

University of Phoenix Online

Fundada em 1989, a University of Phoenix Online tem um viés tipicamente empresarial (com fins lucrativos) e pretende estar na vanguarda dos recursos ligados às TICs. As "salas de aula eletrônica" têm sua própria caixa postal, listas e fóruns, sistemas de conferência e aula virtual. Os programas tendem a apresentar uma estrutura tão flexível que as matrículas podem ocorrer a qualquer momento, numa espécie de fluxo contínuo, com progressão individualizada. O *site* da empresa exibe um *fact book* que fornece diversas informações. Entre elas, alguns números: ela tem quase 23 mil docentes, 12 mil funcionários, 231 *campi* e 250 mil estudantes.

OpenCurseWare e Universia

Em 2001, o Massachusetts Institute of Technology (MIT) anunciou seu ambicioso programa de OpenCurseWare (OCW) – consórcio entre universidades de vários países do mundo. Seu objetivo é proporcionar acesso livre e fácil a materiais docentes para autoaprendizagem. A partir daí, tenta criar um movimento cooperativo com outras universidades, mas desburocratizado e com pouca institucionalização. Associar-se ao OCW é basicamente criar um espaço virtual que contenha – e disponibilize em acesso livre – materiais produzidos para o ensino superior (textos, *softwares*, apresentações, etc.).

Várias universidades brasileiras estão associadas ao Universia.[20]

Teacher Education Online

Em 2001, a California State University (CSU) criou um programa para cumprir uma exigência das leis estaduais. Os professores das escolas públicas deveriam participar de um programa pós-secundário de formação pedagógica. Aqueles que não tinham essa credencial eram contratados em caráter emergencial. Seis *campi* da CSU (Fresno, Fullerton, Hayward, Los Angeles, Monterey Bay e Pomona) associaram-se para criar um programa de certificação na internet. O programa teria dezoito meses de duração, assim como os cursos presenciais. A CSU procurou utilizar e adaptar a experiência da Open University, combinando internet, textos, fitas de vídeo e contato frequente com os professores e os tutores, que acompanham a evolução do estudante passo a passo. A CSU mantém hoje um grande

---

[20] Rede de portais que oferece conteúdos relacionados à educação em espanhol e em português, entre os quais a tradução dos materiais publicados no OCW-MIT. Para saber mais, acesse http://www.universia.com.br.

número de cursos a distância, de diferentes tipos e níveis, naquilo que chama de *extended university*.[21]

Nesse sentido, houve ainda muitas iniciativas que duraram pouco ou logo foram redimensionadas. Uma delas foi a California Virtual University, um projeto arrojado que teve de ser abandonado e inteiramente redimensionado em poucos meses. Outro empreendimento foi criado em junho de 1999 por um grupo de catorze grandes universidades de pesquisa dos Estados Unidos e do Canadá, anunciando uma associação para oferecer cursos a distância a partir de um diretório virtual centralizado. A lista era imponente: Massachusetts Institute of Technology, New York University, Pennsylvania State University, Stanford University, University of British Columbia, University of California at Berkeley, University of California at Los Angeles, University of Illinois at Urbana-Champaign, University of Minnesota (Twin Cities), University of North Carolina at Chapel Hill, University of Pennsylvania, University of Texas at Austin, University of Washington e University of Wisconsin at Madison. Mas o *site* não prosperou. Ainda assim, as universidades seguem oferecendo cursos em *dual-mode* (presenciais e *on-line*), sem, no entanto, mencionar a associação.

Algo semelhante ocorreu com o New Massachusetts Distance Learning Consortium, um grupo de 24 instituições que, em 1999, publicou um catálogo comum de cursos a distância. Entretanto, o consórcio não mais existe.

Espanha: Universidad Nacional de Educación a Distancia[22]

A Universidad Nacional de Educación a Distancia (Uned) foi fundada na Espanha em 1972, logo depois da Open University inglesa. Hoje, tem 180 mil matriculados, cerca de 10% do total de estudantes espanhóis com nível superior. Em al-

---

[21] Para saber mais sobre *extended university*, acesse http://www.gateway.calstate.edu/extension/off_campus_degrees.cfm?Sect=OffCamp.

[22] Universidad Nacional de Educación a Distancia da Espanha (http://www.uned.es).

gumas carreiras, esse percentual é espantoso: hoje, calcula-se, por exemplo, que quase metade dos estudantes de sociologia e política são alunos da Uned.

A universidade tem um *campus*-sede em Madri, onde ficam os prédios de suas nove faculdades e duas escolas técnicas superiores, além dos escritórios da administração, dos laboratórios, da biblioteca central e dos centros de elaboração de material didático (editora, estúdios de rádio e tevê, laboratório de informática, etc.). A Uned oferece cerca de trinta cursos de graduação e centenas de cursos de formação permanente e pós-graduação. Há ainda o curso de acesso direto para maiores de 25 anos, criado para dar uma segunda chance aos estudantes "defasados" (que hoje são cerca de 15 mil), certificando seus conhecimentos e permitindo que cursem uma universidade.

A Uned tem cerca de 1.400 professores e pouco mais de 6 mil professores-tutores (tempo parcial), além de 2 mil funcionários de administração e serviços e sessenta centros associados, distribuídos por todo o território espanhol. Em geral, esses centros são criados, mantidos e equipados por parceiros locais (municipalidades e associações civis). Há também centros de apoio no exterior (catorze países e quase 2 mil estudantes atendidos). Um desses centros funciona em São Paulo.

A universidade dá enorme atenção à qualidade de seus materiais didáticos. Ela nasceu e cresceu como uma escola baseada fundamentalmente no texto impresso – e ainda é, apesar de usar intensamente as TICs. Segundo depoimento de alguns responsáveis pela área, seus livros-texto e cadernos didáticos são hoje utilizados em numerosos cursos presenciais do país.

Portugal

Em Portugal, a primeira iniciativa em educação a distância superior foi o programa chamado de Ano Propedêutico, uma tentativa para diminuir as dificuldades de acesso ao ensino superior. Isso ocorreu em 1974, logo depois da Revolução dos Cravos. Em 1979, foi criado o Instituto Português de Ensino a Distância. A crescente integração europeia impulsionou bastante essas iniciativas, sobretudo com a formação, em 1987, da European Association of Distance Teaching Universities.

A atual Universidade Aberta[23] (UAb) foi implantada em 1988, depois de um longo período de experimentos mal-sucedidos e tentativas mal recebidas. Ela promove hoje cursos regulares de graduação, de formação profissional e de atualização, cursos isolados e temporários, combinando atividades *on-line* e atividades presenciais. Para isso, os estudantes têm acesso a 21 centros de apoio distribuídos pelo país (quase todos instalados em instituições de ensino superior, universidades e institutos politécnicos). Em duas cidades, Porto e Coimbra, a Universidade tem sedes próprias. Nos centros de apoio, os estudantes encontram manuais, vídeos, fitas de áudio, CDs e DVDs, aparelhos de tevê e redes de computadores. Os centros de apoio também servem para atividades de tutoria e realização de exames finais. A UAb possui ainda centros de apoio em vinte outros países, destinados sobretudo à realização de exames.

Outra atividade a que a UAb dá muita atenção é a preparação de material didático (impresso ou não). No plano editorial, por exemplo, já foram produzidos quase quatrocentos manuais de diversas disciplinas, geralmente associados com material não impresso de apoio (audiogramas, videogramas e CD-ROMs interativos). Em entrevista, alguns de seus dirigentes afirmam que hoje a UAb é a maior casa editorial do país, produzindo também centenas de programas para a rede de televisão pública (RTP, RTPInternacional e RTPÁfrica).

Assim, desde cedo, o estudante tem um pacote de materiais de apoio a sua autoinstrução assistida: manuais, emissões de tevê, vídeos, CD-ROMs, coleções de "testes formativos", etc., além de apoio (tutoria) por parte de docentes e auxiliares. O progresso dos estudantes é avaliado por meio da chamada "avaliação formativa" – um conjunto de testes formativos que não contam para efeito de aprovação. A avaliação formativa tem objetivo pedagógico, revelando e esclarecendo dificulda-

---

[23] Universidade Aberta de Portugal (http://www.univ-ab.pt/).

des, verificando o progresso da aprendizagem, corrigindo desvios, etc. A avaliação final, aquela que realmente conta para a certificação dos estudos, é uma prova escrita, presencial, sobre o conjunto da disciplina cursada.

Nos últimos anos (sobretudo de 2006 em diante), a UAb tem passado por um processo de "informatização" mais acelerado, isto é, o uso mais intensivo das novas tecnologias e dos serviços *on-line*. Nesse sentido, realizou-se um programa cuidadoso de formação dos professores, preparando-os para conceber e elaborar cursos, construir redes de suporte e interação. Com duração de doze semanas (aproximadamente 104 horas), o curso é hoje considerado fundamental para o sucesso de uma organização que atende 11 mil estudantes, com 160 professores e cerca de 140 tutores.

O uso das tecnologias digitais e do chamado *e-learning* ainda se mostra controverso, com vantagens e desvantagens. De um lado, ganha-se em produtividade aquilo que se perde em isolamento do estudante. De outro, as atividades que rompem o isolamento diminuem a flexibilidade do sistema, pois induzem ou até mesmo obrigam a sincronização e a padronização das atividades, como no caso das videoconferências.

Há grandes vantagens nas plataformas de *e-learning*, sobretudo quando se trabalha com o conceito de "aprendizagem baseada em projetos". Os professores, os documentos e os debates da UAb apontam uma série de benefícios, entre eles:

- o envolvimento dos estudantes em atividades "reais", diretamente vinculadas ao seu trabalho e à sua aprendizagem;
- o trabalho feito em grupo é, em geral, bem superior à soma das partes, o que os participantes observam de modo claro;
- o fato de os estudantes serem induzidos a utilizar suas "competências" no projeto coletivo;

- o trabalho coletivo (e feito em diversos lugares por diferentes pessoas), em geral, tem uma envergadura superior ao trabalho individual;
- a tarefa de auxiliar na resolução de dificuldades e de motivar o estudante não fica apenas nas mãos do professor ou do tutor, sendo compartilhada pelo grupo.

Contudo, também há desvantagens. Entre elas, o fato de que os cursos se tornam menos flexíveis que no modelo da educação a distância tradicional, o modelo da aprendizagem descentralizada mais antigo da EaD. Se existe a necessidade de sincronização das atividades, há a questão do conflito de horários e agendas dos diferentes participantes.

Assim, algumas ressalvas são feitas a essas inovações, sobretudo no que diz respeito à sua generalização. Por vezes, é mais perceptível a possibilidade de criar *e-learning* em cursos de pós-graduação e especialização. Em outros casos, há dificuldades e desafios a contornar. Recursos precisam ser mais desenvolvidos e, sobretudo, professores e tutores precisam de preparo especial, pois são muito diferentes as habilidades e os conhecimentos necessários para ensinar a distância e também presencialmente. Portanto, não é possível simplesmente implantar ou imitar o formato presencial.

México

O Instituto Tecnológico y de Estudios Superiores de Monterrey (ITESM) é a maior e mais prestigiosa universidade privada do México, com 32 *campi* distribuídos pelo país. Seu formato foi deliberadamente inspirado no Massachusetts Institute of Technology.

Ao lado do ensino convencional, presencial, o ITESM oferece cursos *on-line*. Desde 1989, utiliza transmissões de tevê (por satélite) para levar palestras, conferências e aulas a todos os seus *campi*. Em 1996, isso resultou na criação de sua Virtual University, que começou com um programa interno de treinamento para seu próprio professorado, visando elevar as titulações e os padrões acadêmicos. Hoje, ela oferece cerca de cinquenta programas de graduação e mais de sessenta programas de pós-graduação. Há ainda programas de especialização profissional, treinamentos para desenvolvimento educacional, *workshops* para professores, educação continuada, programas gerenciais, conferências e o que chamam de *virtual business room*, um programa voltado especificamente para projetos empresariais.

O ITESM tem procurado, com êxito, alianças e programas de cooperação com diversas universidades norte-americanas e canadenses (como a University of British Columbia).

Alguns números do ITESM impressionam, com uma estrutura que atende cerca de 43 mil alunos: três canais via satélite, com programação dos cursos das 8h às 22h na região 2 (Estados Unidos/Colômbia), um canal na região 3 (Colômbia/Chile), um canal *direct-to-home* usado para o canal AVE (cursos e treinamentos empresariais no México), onze salas de videoconferência nos *campi* do sistema ITESM no México, 10 mil computadores em todo o sistema ITESM (todos os *campi* estão interligados em rede com pelo menos um link E1 (2 mbps), muitos possuem dois ou três, o *campus* principal de Monterrey tem quatro links de 2 mbps com a internet nos Estados Unidos/Dallas), oito links com outros países além dos Estados Unidos, 150 cursos por semestre, quinhentas horas de transmissão por semana e 20 mil horas de programação por ano.

França

Há algumas dezenas de centros de telensino universitário (CTEUs) distribuídos pelo território francês. Integrados às universidades, eles oferecem cursos que concedem os chamados diplomas de primeiro, segundo e terceiro ciclos. A Fédération Interuniversitaire de l'Enseignement à Distance (Fied) é uma rede que agrupa universidades dotadas de um centro de telensino e tem um dispositivo virtual.[24] Associação sem fins

24 Fédération Interuniversitaire de l'Enseignement à Distance (http://telesup.univ-mrs.fr).

lucrativos, a Fédération Interuniversitaire de l'Enseignement à Distance foi criada em 1987 pelo Ministério da Educação francês. As universidades a ela associadas são: Brest (UBO), Caen, Clermont-ferrand 2, Dijon, Grenoble 1, Grenoble 2, Le Mans, Lille 1, Lille 3, Lyon 1, Marne-La-Vallée, Montpellier 3, Nancy 1, Nancy - INPL, Nancy 2, Orléeans, Paris 10, Paris 3, Paris 4, Paris 6, Paris 8, Perpignan, Poitiers, Reims, Rennes 2, Rouen, Strasbourg 2, Strasbourg 3, Toulouse 1, Toulouse 2, Toulouse, Versailles.

Centre National d'Enseignement à Distance[25]

Para muitos especialistas, o sistema de ensino superior francês é um emaranhado de instituições, cursos, diplomas e regras. O *site* do Centre National d'Enseignement à Distance (CNDE) – subordinado ao Ministério da Educação e criado com outro nome já em 1939 – talvez tenha sido contaminado por esse vírus. O visitante terá de garimpar muito para entender o que a sigla significa.

Contudo, o CNDE é uma instituição imponente, assegurando a formação de 300 mil estudantes por ano. Com sede em Poitiers, tem uma rede de institutos de formação em várias regiões da França (Grenoble, Lille, Lyon, Poitiers, Rennes, Rouen, Toulouse, Vanves) e também fora dela (Martinica, Guadalupe, Guiana, Polinésia Francesa, Nova Caledônia, La Réunion). Conta com um efetivo de 6.700 profissionais (sendo 5 mil docentes), dedicados a projetar, criar, redigir, avaliar, acompanhar os cursos de formação.

O CNED estima que, na Europa, 2,5 milhões de pessoas busquem formação a distância, sendo mais de 1 milhão delas somente na França e, entre estas, 300 mil no CNDE, que atende um público predominantemente adulto, do qual 50% seguem formação superior.

---

[25] Centre National d'Enseignement à Distance (http://www.cned.fr/institution/presentation/index.htm).

Internacionalização da educação a distância

A internacionalização parece uma tendência natural da EaD, desde seu nascimento e pela sua própria definição. Afinal, como dizem alguns de seus entusiastas, ela é uma oportunidade de eliminar distâncias na educação e, por extensão, desfazer fronteiras. No entanto, alguns obstáculos parecem óbvios: os idiomas, as leis nacionais (quanto às certificações, por exemplo) e os hábitos institucionalizados.

Nas últimas décadas, são cada vez mais frequentes as tentativas de estimular a "cooperação internacional" nesse campo, geralmente vinculando instituições mais antigas e experientes dos países "pioneiros" a instituições associadas em países "periféricos" ou "recém-chegados". Assim, por exemplo, as universidades abertas da Grã-Bretanha e da Austrália criaram *offshore campuses* (não necessariamente incluindo os processos típicos de EaD) em países como Cingapura e Malásia, com as seguintes características:

- uma faculdade local fornece instalações, equipamentos, infraestrutura administrativa e profissionais com nível acadêmico, comprometendo-se a obter as autorizações necessárias do Ministério da Educação;
- uma universidade estrangeira patrocinadora fornece os bens e os serviços relativos a currículos e *expertise* acadêmica;
- os estudantes cursam um ou dois anos na faculdade local e concluem seus estudos na universidade estrangeira;
- o diploma é validado pela universidade estrangeira.[26]

Em 1996, o Higher Education Quality Council in the United Kingdom adotou o Code of Practice for Overseas Collaborative Provision in Higher Education, estabelecendo regras mais rigorosas para a ação externa de suas universidades. As exigências eram:

---

[26] Cf. Keith Harry, *Higher Education trough Open and Distance Learning* (Nova York/ Londres: Routledge, 1999), p. 21.

- adequado acompanhamento, incluindo visitas regulares por equipes da instituição provedora do curso/diploma;
- sistemas administrativos claros e adequadamente sustentados para fornecer informação confiável (à instituição provedora) sobre a operação e o gerenciamento dos programas conjuntos;
- procedimentos de avaliação externa em consonância com os requisitos da instituição provedora;
- visitas frequentes, em ambas as direções, entre instituição provedora e local, por parte das equipes acadêmicas e administrativas;
- existência de representantes locais confiáveis para supervisionar as operações;
- disponibilidade das equipes britânicas para consultas das instituições parceiras;
- registros adequados sobre os estudantes (desempenho, progressão, etc.);
- procedimentos de acesso para os estudantes comparáveis àqueles utilizados internamente pela instituição provedora.[27]

Em 1997, nas universidades australianas, cerca de 20% dos estudantes estavam em *off-shore campuses*. No fim daquela década, as iniciativas de cooperação do Royal Melbourne Institute of Technology (RMIT), na Ásia, passariam a ter os seguintes formatos:

- programas efetivados *off-shore* com parceiros locais para equiparar os diplomas ao nível dos diplomas do RMIT;
- programas *off-shore* com parceiros locais para oferecer graduação e pós-graduação no RMIT;
- programas envolvendo um ou dois anos de curso no país parceiro, seguidos de um ou dois anos de curso em *campus* do RMIT;
- programas de educação a distância oferecidos em conjunto com os parceiros locais;

[27] Keith Harry, *Higher Education trough Open and Distance Learning*, cit., pp. 25-26.

- provisão de materiais para programas a serem oferecidos *off-shore* por outras instituições educacionais;
- programas oferecidos integralmente em *off-shore campuses*.[28]

A internacionalização do ensino (não apenas da EaD) depende, é claro, da adoção de "línguas francas". A principal delas, hoje, é o inglês. Sabemos que o latim transcendeu o Império Romano e a ele sobreviveu, constituindo a base dos diálogos intelectuais que geraram a ciência, a técnica e a filosofia modernas. Atualmente, o espanhol e, muito mais, o inglês constituem em grande medida importantes instrumentos de expansão de instituições, de livros, etc. Alguns analistas observam que a existência de processos de integração regional (como o caso da África) ou linguística (no caso hispânico) possibilita ganhos de escala e reduz os custos na elaboração de programas de ensino e na produção de materiais didáticos.

Embora pareçam favoráveis à expansão, essas condições também podem ter seu lado preocupante, com inconvenientes e riscos, como as excessivas padronização e "pasteurização" das culturas, a diminuição das diversidades, um potencial neocolonialismo cultural e assim por diante. Em certa ocasião, Lorde Puttnam, produtor de filmes inglês que colaborava com a Open University e a BBC, manifestou preocupação com a provável influência dos conglomerados norte-americanos de entretenimento sobre os canais de distribuição de informação e educação, argumentando que:

> Estamos agora nos movendo em direção a uma era de informação e educação na qual os valores e as habilidades do entretenimento estão destinados a afetar e infectar outras áreas da economia. Se, nesses dois setores críticos, acabarmos por cair na mesma rota que estamos seguindo nos filmes, serão sérias as implicações para a economia do mundo e até mesmo para certos aspectos da estabilidade mundial.[29]

[28] Keith Harry, *Higher Education trough Open and Distance Learning*, cit., pp. 21-22.

[29] Puttnam, *apud* Keith Harry, *Higher Education trough Open and Distance Learning*, cit., p. 28.

4
Práticas em busca de uma teoria

Como vimos anteriormente, a abundante literatura produzida nas últimas décadas a respeito da educação a distância é marcada e demarcada por quatro abordagens em relação ao conteúdo:

- histórico-descritiva (desenvolve narrativas sobre a evolução dos principais experimentos);
- analítico-teórica (tenta extrair desses experimentos uma reflexão, uma teoria, uma pedagogia, identificando modelos, concepções e pressupostos pedagógicos);
- programático-normativa (busca opinar sobre a conveniência deste ou daquele modelo, procedimento ou técnica);
- apologético-promocional (movida por uma convicção exacerbada – entusiasmo pouco crítico – ou por puro e simples interesse comercial, apresenta a EaD como solução para os males da humanidade).

Tendo em vista a evolução dos sistemas de EaD nas últimas décadas, dos quais procuramos fazer aqui uma rápida resenha, a literatura foi desenvolvendo paulatinamente o seu viés teórico ou analítico. Vale a pena examinar alguns desses achados, inclusive e principalmente os elementos apontados como cruciais na implantação e no sucesso dos programas de educação a distância.

Enquadramentos teóricos: a concepção de "aprendizagem" na educação a distância

Reflexões "formadas em serviço", as principais teorias na literatura sobre educação a distância parecem se estruturar em torno de três tipos principais:

- a teoria do estudo independente e da autonomia;
- a teoria da "industrialização" da educação;
- a teoria das interações comunicativas.

Os trabalhos que insistem mais nos temas do "estudo independente" e da "autonomia" podem ser associados a Charles Wedemeyer e Michael G. Moore.[30] Inicialmente, eles enfatizam que a EaD oferece um leque maior de escolhas para os estudantes quanto à natureza e ao conteúdo dos cursos, mas também em relação aos formatos e às metodologias. Segundo esses autores, um de seus traços essenciais é o ritmo individualizado da aprendizagem, do progresso. Desse modo, a responsabilidade do aprendiz também é maior, assim como é decisiva a interação entre estudante e instrutor. Alguns críticos lembram que essa ênfase na aprendizagem individualizada pode comprometer e minimizar a aprendizagem cooperativa, colaborativa.

A visão que acentua a "industrialização do ensino" entende a educação como um "produto" que pode ser planejado como "manufatura em massa e em série", com a segmentação dos papéis, a criação de "linhas de montagem", a padronização e a divisão das tarefas. A "entrega", ou distribuição, também seria marcada por essa característica, sendo igualmente padronizada, formalizada e submetida a controles administrativos, centralizados. Assim, pode-se dizer que conhecimento é objetivado pela administração e pelos organizadores do ensino.

---

[30] Charles Wedemeyer (1911-1999) tem história e papel relevantes nesse campo. Professor e líder intelectual da Universidade de Wisconsin, onde desenvolveu um trabalho pioneiro na implantação de programas de educação contínua, vocacional e a distância. Também como teórico e "propagandista", foi influente no surgimento e no desenvolvimento de várias *open universities* no mundo. Michael G. Moore foi seu discípulo e escreveu seu "In Memoriam" para o *American Journal of Distance Education* (1999).

As teorias das interações comunicativas acentuam, numa primeira fase, o envolvimento emocional dos participantes e os ambientes "amigáveis", imprescindíveis para a empatia do aprendiz, a necessidade do estudante de "gostar do que está fazendo" e de ser parte das decisões no processo. Numa segunda fase, a teoria passa a enfatizar a diversidade dos aprendizes e os benefícios não individuais (sociais) da educação, destacando que o fato de o estudo ser individualizado não exclui a natureza estruturada do material didático.

Se essa classificação das teorias diz respeito aos modos e às concepções da *aprendizagem*, outro quadro se desenha quando nos voltamos para a organização do *ensino* (sempre lembrando que aquilo que se ensina não é necessariamente aquilo que se aprende).

Modelos de ensino (*delivery systems*)

Em grande medida, essas visões da aprendizagem, combinadas ou não, com maior ou menor deliberação, deram origem a diferentes modelos ou sistemas de EaD, que Robin Mason classifica em três tipos:

- modelo conteúdo mais apoio;
- modelo *wrap-around*;
- modelo integrado.[31]

Modelo conteúdo mais apoio

Esse modelo é a categoria mais precoce e numerosa de cursos *on-line*, focada na separação entre o conteúdo do curso (entregue impresso ou como um pacote virtual, disponível na internet) e no apoio tutorial (oferecido por *e-mail* ou em conferências virtuais). O modelo reforça a ideia da aquisição de materiais de conteúdo relativamente imutável que pode ser ensina-

[31] Robin Mason, "Models of Online Courses", em *ALN Magazine*, 2 (2), outubro de 1998, disponível em http://www.aln.org/publications/magazine/v2n2/mason.asp. Tradução livre.

do por diferentes professores. Atividades colaborativas entre os alunos, comentários dos colegas e avaliação *on-line* podem ser apoiados por conferências virtuais pela internet. No entanto, esses elementos *on-line* tendem a ser adicionados ao curso, e os alunos frequentemente registram conflitos entre o aprendizado pelo material impresso e a participação nas atividades *on-line*. Considerando o curso como um todo, nesse modelo, o componente *on-line* não representa mais de 20% do tempo de estudo dos alunos.

Quando o conteúdo do curso se encontra predominantemente disponível em páginas da internet, a proporção entre o conteúdo a ser dominado e o envolvimento nas discussões virtuais muitas vezes se mostra reduzida. Essa adaptação relativamente nova do modelo "conteúdo mais apoio" e o advento das conferências virtuais começam a mesclar essa categoria com uma das duas seguintes. No entanto, mesmo quando o conteúdo do curso e o apoio se encontram *on-line*, ainda é útil considerar as características distintas dos vários cursos em que há uma forte divisão entre conteúdo e apoio.

Modelo wrap-around

Essa categoria define aqueles cursos que consistem de materiais feitos "sob medida" (guia de estudos, atividades e discussão), associados a materiais já existentes (livros-texto, recursos de CD-ROM ou tutoriais). Esse modelo pode ser classificado como 50/50, pois as interações e discussões *on-line* ocupam cerca de metade do tempo dos alunos, enquanto o conteúdo predeterminado ocupa a outra metade. Favorecendo um enfoque do aprendizado com base nos recursos, esse modelo oferece mais liberdade e responsabilidade aos alunos para interpretar o curso por si mesmos. O papel do instrutor ou professor também é mais amplo que no primeiro modelo, porque uma parte menor do curso é predeterminada, sendo a parte maior criada por meio de discussões e atividades, cada vez que o curso é ministrado.

Em eventos *on-line* em tempo real, são frequentemente utilizados *softwares* que dividem telas, usados em seções de currículo do tipo *problem-solving*, de modo que os instrutores podem ajudar os alunos individualmente ou em pequenos grupos. Áudios de aulas gravadas acompanhadas por imagens de internet são outro meio de adicionar ao curso uma dimensão "ao vivo". Os alunos podem interagir pelo envio de perguntas por *e-mail*. E, conforme a tecnologia se desenvolve, esses eventos passarão cada vez mais a incluir tanto vídeo quanto áudio.

Modelo integrado

O terceiro modelo está no lado oposto do espectro em relação ao primeiro. O curso consiste de atividades colaborativas, recursos de aprendizagem e tarefas conjuntas. O principal do curso acontece *on-line* por meio de discussões, do acesso e do processamento de informações e da realização de tarefas. Os conteúdos do curso são dinâmicos e amplamente determinados pelas atividades individuais e em grupo. De certo modo, o modelo integrado dissolve a distinção entre conteúdo e apoio, dependendo da criação de uma "comunidade de aprendizado".

O modelo conteúdo mais apoio é amplamente utilizado na Open University britânica, onde o conteúdo é preparado por um núcleo central de acadêmicos e aplicado por uma equipe associada de professores em tempo parcial. Esse modelo foi adaptado para o mundo *on-line* pela redução dos contatos por telefone, correio e face a face em favor da interação por conferência virtual pelo computador. Exemplos de larga escala incluem o curso da Technology Foundation, com mais de 5 mil alunos usando *first-class* para contato com seus instrutores, com outros alunos e, num grau limitado, com conceitos de curso em conferências relacionadas ao conteúdo. Em outros casos, como o curso secundário de tecnologia da informação, exige-se dos alunos a realização de duas tarefas conjuntas, enviando uma delas por algum meio eletrônico. Cursos de negócios na Open University também usam o *first-class*; alguns o associam a um *site* da internet, a atividades discentes e trabalho em equipe baseados em interesses de negócios. Em geral, quase 40 mil alunos usam conferências virtuais pelo computador como meio de apoio em cursos oferecidos predominantemente como material impresso.

Uma versão desse modelo baseada na internet foi experimentada pelo Instituto de Tecnologia Educacional da Open University, embora seja relativamente comum em outros lugares. Esse curso consiste de cerca de cem páginas da internet contendo informação, exercícios e *links* para outros *sites*, além de um conjunto de tarefas para o aluno realizar. Os alunos se reúnem conforme sua conveniência, trabalham com os materiais e enviam suas tarefas para que o instrutor avalie e faça comentários. Essa versão é particularmente adequada para cursos curtos e de atualização profissional e de treinamento. Também é possível adicionar conferências pela internet ao processo para aqueles que necessitam de mais apoio conjunto/grupal.

A essência do modelo conteúdo mais apoio é o fato de conseguir economias de escala inéditas. Os altos custos de desenvolvimento dos cursos podem ser compensados por custos relativamente baixos de apresentação, pois, conforme o número de alunos no curso aumenta, o custo do curso por aluno cai. Essa fórmula simples se torna mais complicada com o modelo *wrap-around*. O uso de um livro-texto ou outros materiais existentes reduz os custos de preparação, mas eleva os custos de apresentação de acordo com o aumento da responsabilidade dos instrutores de criar o curso com base em sua interação com os alunos. Com o aumento do número de alunos, o custo dos instrutores também se mostra progressivamente elevado. Evidentemente, os custos dos instrutores também aumentam com o número de alunos no modelo conteúdo mais apoio, mas esses custos são relativamente pequenos em relação aos custos de desenvolvimento dos materiais de curso. Os cursos *wrap-around* podem exigir uma proporção mais alta de instrutores para alunos ou uma taxa de pagamento mais alta em função da maior responsabilidade daqueles na criação do curso. Não obstante, para pequenos cursos em algumas áreas específicas, esse é um modelo muito eficaz em termos de custo.

Essa grade classificatória de Mason é centralizada no modo como as instituições oferecem seus cursos e mantêm o vínculo com os estudantes. No entanto, uma palavra a mais deve ser dita sobre o modo de organização dessas instituições.

Algo mais a respeito do formato das instituições de educação a distância

Um dos principais teóricos (e praticantes) da educação a distância no nível superior, A. W. Bates aponta o predomínio das instituições do tipo *dual mode*, que, além de oferecer programas presenciais regulares (*on campus*), disponibiliza parte de seus cursos no formato a distância. Essa é, de fato, a mais antiga e provavelmente mais estabelecida forma de educação a distância no nível superior. No entanto, essas instituições parecem mais comuns em sistemas federais, como o Canadá, a Austrália, a África do Sul e os Estados Unidos, quando comparados a países em que a educação superior está submetida a uma jurisdição nacional única, como o Reino Unido, a Nova Zelândia e a Espanha.[32]

Bates comenta ainda que o tamanho dos grupos-alvo também é um fator determinante no formato da instituição, pois, diferentemente das *dual mode institutions*, as *single mode institutions* dependem fortemente de economias de escala. Assim, as instituições duais (que oferecem educação presencial tanto quanto a distância) não podem arcar com os custos do desenvolvimento, especialmente das grandes equipes de curso, encontradas em instituições especializadas, como a Open University britânica. Não obstante, muitas instituições duais têm departamentos centralizados de educação a distância, com planejadores educacionais, equipe de apoio tecnológico e de serviços ao aluno, trabalhando em conjunto com as faculdades e os serviços administrativos centrais. Bates lembra que na sua própria unidade, na UBC, havia uma equipe de quase vinte pes-

---

[32] A. W. Bates, *Distance Education in Dual Mode Higher Education Institutions: Challenges and Changes*, cit.

soas produzindo cerca de vinte cursos por ano e atendendo a 5 mil matrículas. Nessas instituições, é comum que um planejador de curso e um membro do corpo docente trabalhem juntos no desenvolvimento de um curso de educação a distância, com a ajuda de especialistas como programadores de internet, produtores de vídeo ou desenvolvimento gráfico.

Nesse sentido, a University of Central Florida fundou um centro de *distributed learning* para servir a todas as suas faculdades e escolas.[33] Outras instituições, como a University of Wollongong e a Griffith University, na Austrália, e a University of Alberta,[34] a University of Calgary e a University of Waterloo, no Canadá, foram além e estabeleceram centros para o ensino e o aprendizado, que combinam o desenvolvimento docente, com especialistas em novos enfoques sobre currículo, como o aprendizado baseado em projetos multimídia, e a educação a distância, com especialistas em avaliação. Contudo, muitas universidades de pesquisa, entre elas a University of British Columbia (UBC), não compartilham da ideia de grandes unidades centrais. Desse modo, algumas começaram a estabelecer pequenas unidades flexíveis de aprendizado em cada faculdade.

Há diferentes modos e caminhos pelos quais uma universidade pode entrar nesse campo e se tornar uma *dual mode institution*. Na maioria das instituições, no entanto, o modelo predominante para o desenvolvimento do *distributed learning* é o *lone ranger* ("cavaleiro solitário").[35] O *lone ranger* é o membro individual do corpo docente que trabalha sozinho ou com um aluno graduado para criar o seu próprio material de cursos *on-line*, com pouco ou nenhum apoio da instituição como um todo. Em geral, isso não envolve o desenvolvimento de um curso *on-line*. Frequentemente, vai desde propor notas de leitura a *links* em páginas da internet relevantes ao assunto, coletâneas pessoais de *slides* ou gráficos, comunicação por *e-mail* com os alunos ou até mesmo um fórum de discussão *on-line*. Porém, a

---

33 University of Central Florida (http://distrib.ucf.edu/dlucf/home.html).

34 University of Alberta (http://www.atl.ualberta.ca/).

35 A. W. Bates, *Distance Education in Dual Mode Higher Education Institutions: Challenges and Changes*, cit.

criação da *home page* muitas vezes faz parte apenas do processo de transformação do curso em exclusivamente *on-line*.

Entretanto, Levine e Sun apontam para uma avaliação que deve ser considerada para evitar a ideia de educação a distância como panaceia e bálsamo universal:

> Primeiramente, os Estados Unidos não precisam que todas as suas universidades e faculdades ofereçam programas de educação a distância. As instituições que vão oferecer educação a distância serão parte de um núcleo pequeno, mas concentrado, de grandes fornecedores, em vez de vários fornecedores pequenos e mal organizados. As escolas que escolhem permanecer como "*campus* físico" podem descobrir que sua equipe e seu corpo docente não estão interessados em ingressar no mundo da educação a distância, exceto talvez como "assinantes" que podem ampliar seus próprios programas presenciais por meio da compra dos melhores programas de educação a distância de outras fontes. Faculdades "físicas" podem, ao contrário, criar o seu próprio nicho, oferecendo a melhor educação presencial possível e enfatizando uma interação mais próxima entre o corpo docente e os alunos. Em resumo, as faculdades podem optar por ignorar a educação a distância por razões estratégicas e deliberadamente relacionadas à sua missão.[36]

Assim, temos instituições totalmente *on-line* (*single mode*) ao lado de instituições *dual mode* e outras que nem sequer ingressam no campo da EaD. Contudo, ainda assim, os estudiosos já apontam quanto o ensino presencial tem incorporado recursos desenvolvidos pelos programas *on-line*. Talvez possamos resumir esses vetores de inovação na tabela 2, que aponta os graus de inovação e indica seus protagonistas.

---

[36] Arthur Levine & Jeffrey C. Sun, *Barriers to Distance Education*, American Council on Education Center for Policy Analysis (Washington, 2002), disponível em http://www.acenet.edu/bookstore/pdf/distributed-learning/distributed-learning-06.pdf.

Tabela 2. Vetores da inovação no ensino superior

<table>
<tr><td colspan="4">Mudanças superficiais: simples inovações "técnicas", pontuais</td></tr>
<tr><td rowspan="2">Docente isolado</td><td>Utilização individual das novas tecnologias em apoio ou complemento dos métodos tradicionais. Exemplos: atendimento por e-mail; home page da disciplina (programa, textos).</td><td>Mudanças formais, sem transformação pedagógica, de atitude ou procedimento. Exemplos: presença da instituição na internet, matrículas eletrônicas, oferta de bibliotecas virtuais (livros, artigos, teses, revistas, vídeos, etc.)</td><td rowspan="2">Comunidade universitária</td></tr>
<tr><td>Emprego individual das novas tecnologias para atualizar a formação: renovação do papel do docente, do estudante, da metodologia. Exemplos: substituição de aulas presenciais por virtuais; criação de fóruns.</td><td>Nova cultura acadêmica: ênfase no estudante, na aprendizagem de conceitos, procedimentos e atitudes, na aquisição de competências.</td></tr>
<tr><td colspan="4">Mudanças profundas: inovações metodológicas estruturais e duradouras</td></tr>
</table>

Da direita para a esquerda e de cima para baixo, há gradações mais do que saltos. Contudo, aqui, como em outros aspectos da vida social, o acúmulo de mudanças quantitativas pode resultar em momentos de ruptura ou mutação qualitativa.

Michael G. Moore e a "visão de sistemas"

Editor do *American Journal of Distance Education*, consultor de diversas universidades e instituições (inclusive o Banco Mundial e o Ministério da Educação no Brasil), Moore é um dos mais conhecidos teóricos da educação a distância. Em 1996, publicou *Distance Education: a Systems View*, em parceria com Greg Kearsley.[37]

[37] Michael G. Moore & Greg Kearsley, *Distance Education: a Systems View* (Belmont: Wadsworth, 1996).

Um quadro descritivo da educação a distância numa visão de sistemas

Moore e Kearsley sugerem o diagrama 4 para indicar a distribuição e a sequência dos diferentes componentes de um sistema de EaD.

Diagrama 4. Elos da cadeia em EaD

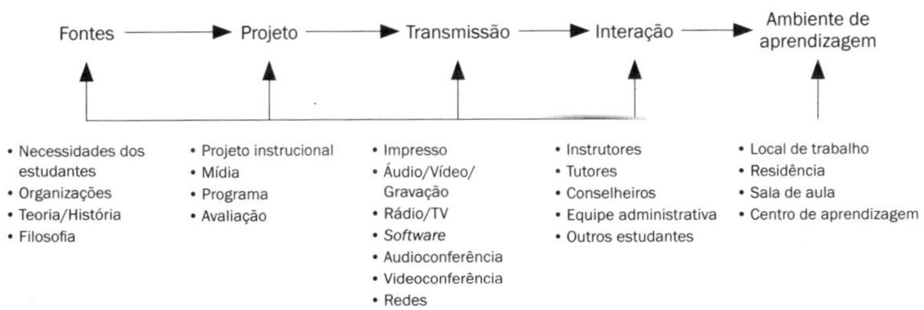

A expressão "fontes" aparentemente se refere a dois aspectos: a fonte dos conhecimentos e das habilidades (onde podem ser buscados, onde se originam); as motivações (quem demanda e o que demanda).

Das vantagens do material impresso

Segundo Moore e Kearsley, uma das vantagens do uso do material impresso como suporte para programas de educação a distância está no fato de que muitos profissionais (professores "conteudistas", redatores, desenhistas, ilustradores) dominam com segurança a produção de recursos desse tipo. De outro lado, soma-se a isso a familiaridade com que os estudantes o utilizam. Além disso, um objeto como o livro tem as seguintes virtudes: é portátil e prático, pode ser manuseado em qualquer lugar, dura e sobrevive ao tempo e às circunstâncias, não se quebra e não se deteriora facilmente.[38]

Os autores salientam ainda uma das características do material impresso, suporte fundamental desde o período da edu-

[38] Michael G. Moore & Greg Kearsley, *Distance Education: a Systems View*, cit.

cação por correspondência. Nesse tipo de ensino, não apenas a apresentação das informações é feita por meio dos impressos, mas também a interação ocorre dessa maneira. Uma interação lenta, mas, talvez por isso mesmo, mais reflexiva e racional, menos emocional, e provavelmente mais fácil e aceitável para estudantes maduros, adultos.

Quando observamos o material produzido por universidades que se caracterizam também como grandes casas editoriais – como a Universidade Aberta de Portugal ou a Uned espanhola, por exemplo –, encontramos dois tipos básicos de material impresso. Um deles é o livro-texto ou manual de curso (ou unidade didática, denominação do livro básico de cada uma das disciplinas da Uned). Outro material é o guia didático ou guia de estudo.

O livro-texto (ou unidade didática) é a leitura elementar e obrigatória exigida no curso ou na disciplina. Aparentemente, não seria muito diferente do material utilizado em cursos presenciais. Contudo, o fato de ser dedicado à autoaprendizagem, a alunos que trabalham sem a presença constante do professor, faz com que sua elaboração seja ainda mais criteriosa e exigente. Não por acaso, os materiais produzidos pela Uned e pela UAb passaram a ser adotados como livros-texto por escolas presenciais dos outros países.

E os guias de estudo ou guias didáticos?

Moore e Kearsley enfatizam que esse tipo de material visa prover o estudante de um mapa geral da organização e da estrutura do curso ou da disciplina, integrando a instrução ou as atividades oferecidas pelos vários meios (impressos ou não). Nesse sentido, os guias de estudo constituem uma âncora preciosa para o estudante, que nele encontra a listagem dos conteúdos, as orientações para a realização de exercícios e atividades, o acesso a orientações e tutorias. Também no guia são encontradas as fontes (bibliografia e outros materiais) para cada tópico, devidamente comentadas e hierarquizadas.

O projeto para os guias de estudo

De acordo com Moore e Kearsley, um guia de estudo típico deveria conter elementos como:

- uma apresentação da disciplina ou do curso, especificando seus objetivos e suas expectativas;
- informações relevantes sobre cada um dos objetivos e tópicos do programa, apresentando a bibliografia para cada um deles e a indicação de outras mídias;
- instruções sobre como trabalhar com os materiais fornecidos e quais deles priorizar;
- instruções sobre a realização dos exercícios, além da preparação e da entrega de tarefas;
- uma explicação clara sobre o sistema e os critérios de avaliação, bem como os pré-requisitos do curso;
- sugestões sobre técnicas de estudo e organização do tempo;
- o cronograma de lições, exercícios ou atividades específicas;
- informações sobre as formas de suporte (contato entre professor e tutor).

O formato das lições ou das unidades

O livro-texto, o manual de curso ou a unidade didática é organizado, em geral, para conferir a cada seção o perfil de uma "lição" ou aula autônoma. De certo modo, ele divide o tempo do estudo, determinando as horas que o aluno dedicará a cada tópico. Assim, para cada tópico exposto, há também uma quantidade correspondente de materiais escritos, audiovisuais, exercícios e tarefas para a autoavaliação formativa, aquela que reforça no estudante a convicção de que "está indo na direção certa" ou corrige a trajetória a tempo. Além disso, o livro deve ser autoexplicativo. Para isso, ele deve conter instruções detalhadas sobre seu modo de utilização, além de glossários, respostas e comentários sobre os exercícios propostos.

A divisão dos capítulos em tempos definidos também é algo que ajuda o estudante a se utilizar de modo proveitoso do tempo dedicado ao curso. Além disso, pela experiência, sabe-se que a divisão em tópicos, com a indicação de objetivos definidos, é uma forma de estimular a sequência do estudo, proporcionando sentimentos de progresso e realização. No entanto, esse tipo de divisão não é exclusivo da EaD, mas certamente nela é mais importante ou mais visível que no ensino presencial.

Em geral, para facilitar comparações e conexões entre as partes, o livro-texto ou a unidade didática fornece, a cada passagem, um resumo das aquisições já feitas.

Outro instrumento importante nos cursos fortemente dependentes do material escrito é o guia didático, que funciona como uma espécie de "contrato do curso", estabelecendo o modo pelo qual ele será desenvolvido e as responsabilidades e expectativas dos envolvidos (professores, estudantes, tutores).

Os guias didáticos da Uned, por exemplo, apresentam as seguintes informações:

- equipe docente (quem são, o que fizeram, de onde vêm; formas de contato; papel no curso);
- informações gerais (objetivos do curso; conteúdos ou tópicos do programa; requisitos, conhecimentos prévios, tempo, ferramentas);
- tutoria (quem são e quais suas funções; formas de contato);
- materiais a serem utilizados durante o curso (quais são para cada tópico; recomendações adicionais, bibliografia, filmes, outros materiais);
- orientações gerais para estudo (ordem dos temas; organização do tempo; características especiais do ensino independente);
- avaliação (para que e com quais critérios);
- avaliação formativa (para que serve e como é seguida pelos professores e tutores);

- programa detalhado (ementa para cada tópico, com o conteúdo e os objetivos específicos; indicação da leitura obrigatória, das adicionais recomendadas, dos exercícios e das atividades de estudo a serem desenvolvidas).

A organização de equipes para educação a distância

Outro aspecto sublinhado por Moore e alguns estudiosos é a necessidade de organizar e administrar o trabalho das equipes, que incluem diversos profissionais, desde professores e pesquisadores acadêmicos a especialistas em mídia. A estruturação do curso, sua adequação à autoaprendizagem assistida, a elaboração de métodos de avaliação formativa e avaliação para certificação, a impressão ou a gravação dos materiais e sua distribuição: tudo isso precisa ser cuidadosamente planejado.

A experiência das *open universities* – como no caso inglês, espanhol, português ou das Filipinas – mostra uma tendência no sentido de constituir equipes mais especializadas e inteiramente dedicadas ao desenvolvimento do curso, incluindo consultores e tutores em tempo parcial. Os tutores podem ser professores de outras universidades, pós-graduandos, professores diplomados do ensino médio e profissionais especializados (engenheiros, por exemplo).

As equipes envolvem profissionais com diferentes perfis (redatores, editores, produtores, artistas gráficos, programadores). Muitas vezes, alguns desses profissionais são contratados para um projeto específico, com tarefas determinadas. As equipes administrativas das escolas (executivos, coordenadores de programas ou cursos, funcionários de apoio) tendem a trabalhar em tempo integral. Essas proporções são variáveis, e sua adequação é importante para garantir a eficiência, a qualidade e a viabilidade econômica dos cursos.

É interessante ver como Moore descreve o funcionamento das equipes da British Open University. Ele começa por destacar que cada curso é elaborado e produzido por uma equipe bastante grande e diversificada. Especialistas no conteúdo da área fazem um esquema, contendo os tópicos e objetivos de cada unidade do curso. O esquema é debatido pela equipe, que inclui produtores, editores e consultores externos, daí resultando um guia de estudo. Os acadêmicos são também responsáveis pela elaboração de apostilas de leitura, material de áudio e vídeo, testes e material complementar, ajudados por editores, desenhistas, bibliotecários, fotógrafos, em um trabalho que frequentemente dura de um a dois anos. A equipe decide ainda sobre as estratégias de ensino, tais como quanto tempo gastar com leitura ou materiais de áudio e vídeo. Textos e imagens reproduzidas frequentemente precisam de autorização e isso demanda outro tipo de trabalho. A British Open University, por exemplo, mantém um escritório próprio de direitos autorais. Para a produção de material de vídeo precisam ser mobilizados roteiristas e outros técnicos, que integrem essas ferramentas ao guia de estudo impresso e ao planejamento das atividades dos tutores, para os quais são preparados manuais, cadernos de tarefas e exercícios. Todo esse trabalho implica muita discussão dentro da equipe, seguidas versões dos materiais e consulta a leitores externos. Na etapa final, são realizadas reuniões com representantes de estudantes, de tutores e, quando é o caso, de empregadores interessados na provisão dos cursos.

Centros de associados, centros de aprendizagem e polos presenciais

Muitos analistas já lembraram que a educação a distância é baseada na ideia de que a escola (e seus materiais) chegue até o estudante, e não o contrário. Mas há recursos que talvez não sejam tão disponíveis para esse tipo de entrega e uso. Muitas universidades abertas acreditavam – e continuam acreditando – na necessidade de ter polos presenciais de apoio ao estudante. Por vezes, eles são criados e mantidos pela própria universidade. Em outras – como é o caso da Uned e de seus sessenta centros associados –, os polos, com sua estrutura física e humana (incluindo tutores), são iniciativa e estão sob a responsabilidade de parceiros locais, como um governo provincial, municipal ou uma associação, por exemplo.

De qualquer modo, cabe à universidade tomar uma série de decisões a respeito, tais como:

- onde serão localizados os polos;
- quando deverão ser abertos;
- quais serviços e equipamentos são necessários;
- qual equipe (administrativa e acadêmica) deverá existir;
- como eles se relacionarão com o "*campus*" principal (qual o grau de autonomia e escopo das atividades);
- como financiá-los.

Um elemento de apoio relevante para o sistema pode ser representado pelas bibliotecas públicas. Mas elas não surgiram para isso nem seus funcionários foram contratados e treinados para dar suporte a esse tipo de estudante. Talvez a universidade aberta tenha de providenciar novas formas de parceria e cooperação que viabilizem esse funcionamento, providenciando, por exemplo, materiais (caixas de livros e outras mídias instrucionais) e treinamento específico para bibliotecários.

5 Formas de organização, custos e escolha de tecnologias

Neste capítulo, reuniremos e comentaremos depoimentos de alguns estudiosos sobre os custos e as formas de financiamento dos programas, os modos de contratação e remuneração das equipes, as fases de desenvolvimento da educação a distância e a natureza das mídias e das técnicas, além das vantagens e das desvantagens dos diferentes suportes para os conteúdos de EaD.

Diversos autores identificam quatro fases de desenvolvimento da EaD. Os critérios para essa classificação residem sobretudo na natureza das mídias e das técnicas, ou dos *delivery systems*. Além disso, acentuam a relação entre essas fases e a ascensão de tecnologias específicas no campo da comunicação e da gestão de informações. Alguns (como A. W. Bates e John Daniel) relacionam as tecnologias e as mídias como diferentes modos de representar o conhecimento. Esses aspectos, bem como as vantagens e as desvantagens dos diferentes suportes para conteúdos de EaD, aparecem em passagens coletadas e comentadas de um livro de Bates.

Os custos da educação a distância

Vários especialistas acreditam que os custos envolvidos em EaD podem ser agrupados em três itens básicos:

- custos de desenvolvimento e implantação, incluindo aqueles que dizem respeito à elaboração e à produção de materiais para os cursos;
- custos de operação e manutenção, incluindo aqueles relativos à provisão de pessoal, à aquisição de equipamentos e de serviços para suporte, administração, etc.;
- custos de infraestrutura, incluindo os dispositivos de rede que podem ser acessados tanto de fora do *campus* quanto no ambiente em que ocorreria a chamada aprendizagem aberta ou flexível (Blackboard, Moodle, Teleduc, etc.).[39]

A literatura tem sublinhado alguns fatores que afetam mais direta e pesadamente esses custos. Um deles é a avaliação dos níveis já existentes da infraestrutura (a de comunicações, por exemplo). Deve-se considerar ainda se a aprendizagem centrada no uso da internet é *adaptada* para suplementar um curso já existente ou se os cursos são fundamentalmente *remodelados* para tirar vantagens daquilo que é disponibilizado pelos novos canais. São situações bastante diversas. Finalmente, a estrutura do curso, seu formato, também representa um fator relevante na alteração dos custos: em geral, quanto mais flexível e interativo, mais caro se torna o curso.

Nesse sentido, Lai e Pratt parecem concluir que seria necessário um modo bastante especial de encarar a relação custo-benefício, tendo em vista que educação a distância não diminui necessariamente o montante dos gastos em educação, mantidas as condições *existentes* de tamanho e cobertura, mas pode ser um meio importante para reduzir o custo total da *expansão* com qualidade. O investimento inicial na preparação dos materiais e nos mecanismos de *feedback*, incluindo a tutoria, é extremamente elevado, revelando-se, contudo, muito mais promissor para expandir o universo discente a ser atingido, garantindo a qualidade e a versatilidade dos "meios de exposi-

[39] Cf. Kwok-Wing Lai & Keryn Pratt, *State of the Art and Trends in Distance, Flexible, and Open Learning: a Review of the Literature* (Dunedin: University of Otago Press, 2003).

ção", que vão muito além da preleção do professor e do texto escrito.[40]

Esses autores apontam ainda os caminhos que a literatura sugere para a redução e/ou a contenção dos custos na aprendizagem flexível e a distância:

- pessoal: como um dos principais custos se refere a esse aspecto, eles podem ser reduzidos pela divisão das tarefas, geralmente concentradas no docente (o conferencista expositor), que combina a atividade dos assistentes de ensino com a do pessoal responsável por tarefas administrativas diárias, o que absorve muito tempo e demanda um perfil diferente daquele do professor conferencista. Muitas vezes, isso exige que se "desagregue" o pacote de tarefas contidas nos papéis tradicionais do corpo docente, de modo que diferentes especialistas desenvolvam o currículo, ensinem, avaliem o desempenho dos estudantes, etc.;
- tecnologia: programas de computador e especialistas dedicados ao gerenciamento e a sistemas automáticos de resposta também podem reduzir os custos;
- tamanho das classes ou turmas: a EaD tem mais facilidade de expansão na medida em que deixa de ser limitada pelo número de assentos disponíveis numa sala ou num anfiteatro. Aparentemente, é mais fácil inserir dez estudantes numa turma de EaD que numa turma presencial. Se o curso for estruturado para a progressão individual, com séries metódicas e unidades didáticas escalonadas por tarefas ou tópicos, isso se torna ainda mais flexível.[41]

Considerações relevantes a respeito dos custos também aparecem num interessante estudo de Saul Fischer,[42] que lem-

---

40 Kwok-Wing Lai & Keryn Pratt, *State of the Art and Trends in Distance, Flexible, and Open Learning: a Review of the Literature*, cit.

41 *Ibidem.*

42 Saul Fisher, "The Market for Higher Education at a Distance: Traditional Institutions and the Costs of Instructional Technology", em David W. Breneman; Brian Pusser; Sarah E. Turner (orgs.), *Earnings from Learning: the Rise of For-Profit Universities* (Nova York: State University of New York Press, 2006).

bra um argumento-padrão a respeito da tendência declinante dos custos de EaD, história que, se inteiramente verdadeira, mostraria o declínio dos custos ao longo do tempo. Para esse autor, a educação a distância teria resultados superiores ao ensino presencial na relação custo-benefício, uma vez transposta a fase preliminar, de produção e de amortização dos outros custos fixos, ligados à montagem do *delivery system*. Nesse caso, a vantagem da EaD residiria na sua capacidade de prover instrução, ao longo de vários módulos e por vários semestres ou anos letivos, incrementando constantemente o número de estudantes, mas sem alterar os custos após atingir certo ponto da curva (gráfico 1).

Gráfico 1. Custos totais de instrução *on-line*, ao longo do tempo, calculados para uma seção ou fase do curso (custo por estudante)

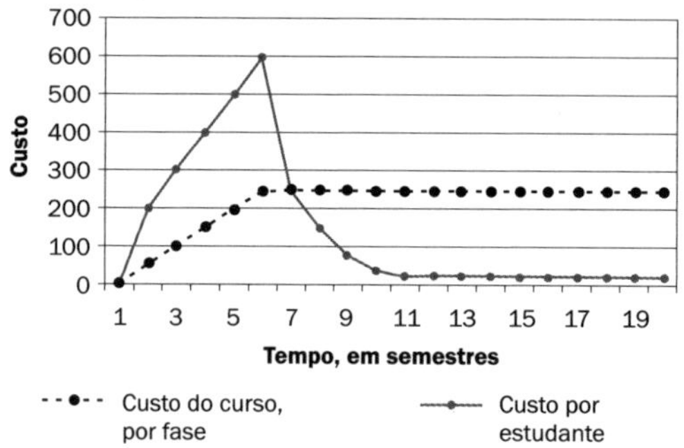

Fonte: Saul Fisher, "The Market for Higher Education at a Distance: Traditional Institutions and the Costs of Instructional Technology", em David W. Breneman; Brian Pusser; Sarah E. Turner (orgs.), *Earnings from Learning: the Rise of For-Profit Universities* (Nova York: State University of New York Press, 2006), p. 128.

Em resumo, os custos de provisão se estabilizam, fazendo com que caiam estrondosamente os custos marginais por estudante e os custos de uma nova oferta (ou "duplicação") de cursos ou módulos de cursos. Nesse sentido, haveria, portanto, economias de escala e também de escopo.

No entanto, Fisher faz várias ressalvas a esse raciocínio, indicando, para o desapontamento de seus formuladores, por que isso não tem ocorrido. Ele argumenta que a economia de pessoal e de custos de operação não é muito provável na EaD, porque suas tecnologias de instrução podem diminuir a necessidade de professores, mas sempre incrementam a necessidade de tecnólogos. De fato, comparativamente aos cursos presenciais "densos" em pessoal docente, os custos de EaD são altos quando incluímos efetivos mobilizados para elaborar, desenvolver, prover e apoiar – sem falar nos custos de licenças e patentes para *softwares*, direitos de propriedade para materiais e treinamento de equipes. Assim, não há garantia de que tenhamos aí, de fato, uma redução de custos significativa.

Um exame mais detalhado – e com a proposição de ferramentas de análise aparentemente mais aplicáveis – pode ser encontrado no livro de John Daniel sobre as megauniversidades,[43] em que ilustra a forma como o custo da EaD é variável (gráficos 2, 3 e 4).

Gráfico 2. Representação esquemática da variação do custo por estudante de acordo com o aumento das turmas

Fonte: J. Daniel, *Mega-Universities and Knowledge Media: Strategies for Higher Education* (Londres: Kogan Page, 1998), p. 61.

[43] J. Daniel, *Mega-Universities and Knowledge Media: Strategies for Higher Education* (Londres: Kogan Page, 1998).

Gráfico 3. Representação esquemática do crescimento dos custos totais da instituição com a variação do número de estudantes na educação a distância e no ensino preferencial (*classroom teaching*)

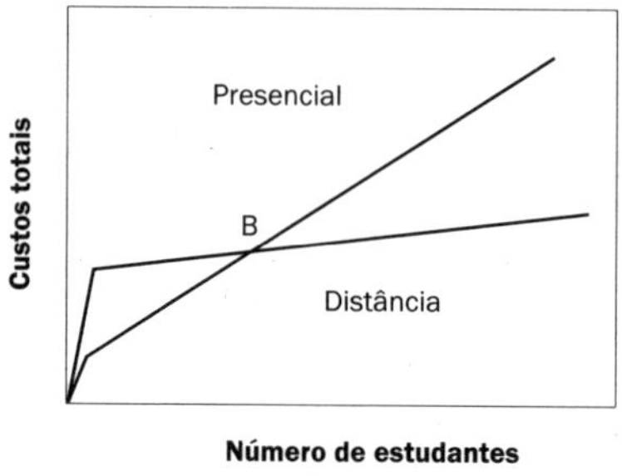

Fonte: *Ibid.*, p. 62.

Gráfico 4. Variação do custo por estudante conforme o tamanho das turmas, considerando o uso de diferentes tecnologias

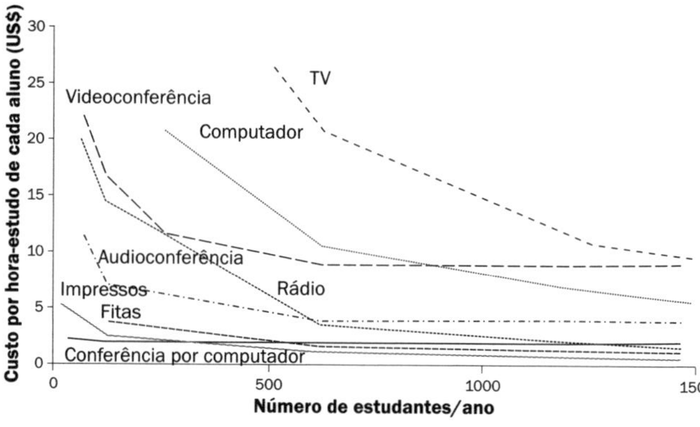

Fonte: *Ibid.*, p. 64.

Quais os fatores que determinam essa configuração dos custos? Como podemos explicar e desagregar os determinantes dessas curvas? Se pudéssemos responder a essas perguntas, é bem possível que isso nos desse instrumentos para modelar a curva e influir sobre ela em vez de simplesmente contemplá-la. Daniel parte de uma equação que fora proposta para a Open University inglesa:

$$C = a + bx + cy$$

onde:

C = custo total
a = custos fixos
x = número de cursos
y = número de estudantes
b, c são constantes

E propõe outra, mais desagregada e operacional:

$$C = a_1x_1 + a_2x_2 + by + c$$

onde:

C = custo total
a_1 = custos de desenvolvimento de curso, por crédito
x_1 = créditos de curso em desenvolvimento
a_2 = custos de revisão, manutenção e remodelagem por crédito
x_2 = créditos de curso em oferta
b = custos de provisão por matrícula em curso
y = matrículas nos cursos
c = *overhead* da instituição

Daniel afirma, então, a necessidade de imaginar uma "cadeia de valor" específica para enquadrar empreendimentos como as megauniversidades (especialmente as universidades a distância), indicando uma premissa geral: o bom desempenho de uma instituição resulta de diversas atividades, cada uma das quais influi sobre seus custos e pode representar uma base para sua diferenciação. O autor menciona o termo "cadeia de valor", cunhado por M. Porter para descrever como desagregar uma organização em suas atividades estrategicamente relevantes.

Nesse sentido, Daniel procura construir uma cadeia de valor para as megauniversidades a partir dos dados colhidos para a Open University inglesa, elaborando uma tabela em que desagrega a operação da universidade em cerca de quarenta tipos de atividades – divididas em quatro categorias principais (ensino, pesquisa, gerenciamento institucional e suporte ao estudante). As atividades são listadas juntamente com seus custos. Os recursos humanos são divididos entre as equipes permanente (*staff*) e temporária (*non-staff*), com suas proporções relativas em termos de custo (tabela 3).

Tabela 3. Custos da educação a distância, por tipo de atividade

Atividade	**Porcentagem nos custos**		
	Gastos com pessoal	**Outros gastos**	**Total**
Planejamento curricular	1	0	1
Planejamento de novos sistemas de ensino	1	0	0
Controle de qualidade acadêmica	I	0	1
Produção de cursos - graduação	8	1	4
Produção de cursos - pós-graduação	I	I	1
Produção de cursos não certificados (livres)	I	1	I
Produção de cursos - atividades de apoio	13	25	20
Sistemas para novos estudantes	0	0	0
Distribuição de materiais didáticos	2	3	2
Ensino e tutoria	3	10	7
Gerência de equipe de ensino e tutoria	4	2	3
Escolas com residência estudantil	6	13	10
Avaliação contínua	4	8	6
Exames	3	2	2
Subtotal ensino	**48**	**66**	**58**
Desenvolvimento planos de pesquisa	1	0	0
Busca de oportunidades de pesquisa	0	0	0
Pesquisa - institucional e ligada ao desenvolvimento do ensino	4	1	2
Pesquisa - não relacionada ao ensino	7	2	4
Pesquisa - atividades de apoio	3	2	2

(cont.)

Subtotal pesquisa	**15**	**5**	**9**
Preparação de estratégias de desenvolvimento institucional	1	0	1
Relações públicas, promoção em geral	2	1	1
Desenvolvimento de planos de *marketing*	0	0	0
Previdência e seguros em geral	0	0	0
Planos de carreira e políticas de desenvolvimento	1	1	1
Serviços de apoio para administração e colegiados	1	1	1
Infraestrutura física	4	12	8
Gestão orçamentária	4	1	2
Serviços de compras	1	0	0
Atividades de auditoria e similares	0	0	0
Produção de informação gerencial	2	0	1
Seleção e gestão de pessoal	4	1	2
Promoção e venda de cursos	2	2	2
Promoção e venda para estudantes não matriculados	1	0	1
Desenvolvimento e manutenção de sistemas especializados	2	1	1
Projetos para gerar rendas externas	1	0	0
Subtotal administração institucional	**26**	**20**	**23**
Políticas e planos para o corpo estudantil	1	0	1
Inscrição de estudantes	3	2	2
Informação, aconselhamento, apoio para clientes	4	4	4
Recolhimento de taxas e contribuições	I	0	0
Assistência para apoios financeiros	0	2	1
Credenciamento de apoios e bolsas	1	1	1
Subtotal assistência estudantil	**10**	**9**	**10**

(cont.)

Compromissos externos	1	0	0
Total geral	100	100	100
Participações relativas	43	57	100

Fonte: John S. Daniel, *Mega-Universities and Knowledge Media* (Londres: Kogan Page, 1996), p. 74. Tradução livre.

Desse modo, Daniel acredita propor uma nova e melhor possibilidade para a cadeia de valor genérica que se aplique às megauniversidades, incluindo três tipos de atividade *de suporte*:

- direção, planejamento e gerenciamento da instituição;
- provisão de serviços institucionais de infraestrutura;
- gerência de recursos humanos.

Como dissemos anteriormente, essas são atividades de suporte. Para descrever as atividades *primárias*, o autor distingue cinco aspectos:

- desenvolvimento de pesquisa;
- elaboração e desenvolvimento de materiais educacionais, cursos e programas;
- provisão de serviços de logística educacional;
- *marketing* e vendas;
- provisão de serviços educacionais.

A cadeia de valor genérica para megauniversidades, resultante de seu exercício, é representada na figura 1.

Figura 1. Uma cadeia de valor genérica para megauniversidades

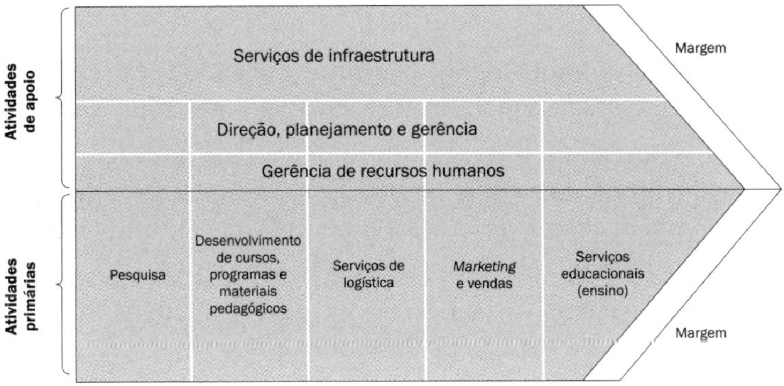

Fonte: *Ibid.*, p. 76.

A figura 2 apresenta esses resultados de outra forma, em que a área de cada linha ou coluna (atividades de apoio e atividades primárias) é indicada conforme sua relação com o conjunto, representando os custos dessas atividades como o percentual do orçamento da universidade. A gradação de cinza mostra a proporção, em cada uma das atividades, dos gastos com as equipes permanente (*staff*) e temporária (*non-staff*).

Figura 2. Detalhamento dos custos com pessoal (orçamento da Open University britânica em 1991)

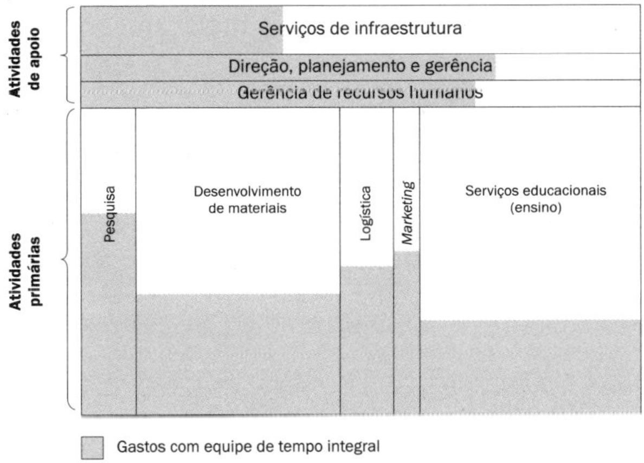

Fonte: *Ibid.*, p. 77.

Problemas de organização em cursos de educação a distância

Pontuaremos aqui alguns conceitos indicados por A. W. Bates[44] para facilitar o entendimento dos seguintes tópicos:

- a natureza da interação promovida pela educação a distância: os dois tipos de interação, a interação silenciosa também conta, interação embutida na leitura, implicações para a elaboração do material didático;
- a persistência do material impresso: principais motivos, limitações e vantagens desse meio;
- critérios para a seleção das tecnologias adequadas;
- a questão da facilidade de acesso e a utilização dos polos presenciais;
- a organização das equipes de EaD: composição, articulação, contratos e formas de remuneração.

Interação

Antes de analisar os modos pelos quais se produz a interação em EaD, Bates procura discutir o que se entende pelo termo, argumentando que há, de fato, dois tipos de interação a considerar, uma vez que também importa a interação silenciosa, pressuposta na leitura, a interação do estudante com o material didático, seja ele um texto, um programa de tevê ou uma página da internet,[45] com importantes implicações para a elaboração do material didático.

Bates lembra que, no processo educativo, mesmo no convencional, a maior parte do estudo é feita na solidão, na interação com mídias de aprendizagem, das quais o livro-texto é a mais importante e conhecida, mas não a única. Na EaD, a interação tem de ser cuidadosamente planejada de acordo com os

---

44 A. W. Bates, *Technology, E-learning and Distance Education* (2ª ed. Londres/Nova York: Routledge, 2005).

45 A. W. Bates, *Technology, E-learning and Distance Education*, cit.

materiais de aprendizagem. É uma espécie de "conversa guiada simulada", obtida por meio dos materiais de ensino.

Contudo, além desse primeiro tipo de interação, existe outro, que se caracteriza como uma atividade social e que pode ser subdivida em três tipos:

- interação entre o aluno e o criador do material de ensino (frequentemente um professor pesquisador titular);
- interação entre o aluno e um tutor (frequentemente um instrutor contratado), que não desenvolve os materiais de aprendizagem, mas faz a mediação entre o material original e o aluno ao fornecer orientação e avaliação;
- interação dos alunos entre si.

A interação entre aluno e tutor já é conhecida desde o tempo da educação por correspondência ou ainda pelas tutorias presenciais em polos e centros associados. Com o desenvolvimento da internet, a interação com o criador do material de ensino tem sido mais frequente, assim como a interação entre os estudantes, algo que tem se desenvolvido e revelado de grande utilidade, como os fóruns de discussão *on-line*.

As análises de Bates nos levam a pensar também na interação implícita no ato solitário da leitura – e nas implicações desse fato na elaboração dos materiais para EaD. O significado do texto depende da interpretação do leitor. E os textos de educação a distância precisam, deliberada e organizadamente, "estruturar a resposta de um aluno ao material". Segundo Bates, alguns dos meios de produzir esse efeito são:

- objetivos detalhados expressos em resultados mensuráveis ("organização do progresso" de cada aluno);
- um sistema de títulos e subtítulos que tornam explícita a estrutura do texto;
- organização do texto em tópicos isolados;
- explicações passo a passo;
- uso de imagens, diagramas e exemplos para ilustrar conceitos;

- questões de autoavaliação no próprio texto;
- atividades para o aluno e suas respectivas respostas;
- uso de resumos.

A forma de elaboração desse diálogo entre o estudante e o material também traz em si a concepção do ensino e da aprendizagem:

> Textos altamente estruturados, "controlados", entremeados por atividades muito frequentes e explícitas, representariam uma abordagem mais behaviorista do aprendizado. Textos densos, pouco estruturados, com poucos títulos, representariam uma abordagem mais aberta, interpretativa ou construtivista do aprendizado. Na verdade, pode-se dar pouca orientação ao aluno sobre como interpretar o material, além de questões de avaliação, que podem ser poucas e exigir respostas genéricas. A escolha da abordagem dependerá da natureza da matéria, da experiência e do nível prévio de ensino do aluno e do tipo de aprendizado que o professor acredita ser importante. O material impresso é, assim, um material de ensino extremamente flexível, que pode ser planejado para se adequar a uma grande variedade de abordagens e objetivos de ensino.[46]

Material impresso: persistência e principais motivos, as limitações e as vantagens desse meio

Bates parte de algumas peculiaridades dos alunos de EaD: geralmente mais velhos, eles trabalham e têm família que deles depende, aspectos menos frequentes nos alunos presenciais. Suas exigências parecem ser bem diferentes, e o material impresso parece ter, para eles, uma importância decisiva, mesmo com o aumento, nos últimos anos, dos materiais virtuais (programas de rádio e tevê, multimídia, internet).

A principal limitação do material impresso é que uma eventual incompreensão – ou até mesmo a falta de clareza do próprio texto – demora a ser esclarecida. A interação em questões

---

[46] A. W. Bates, *Technology, E-learning and Distance Education*, cit., p. 71.

que demandam respostas complexas também é problemática, tendo em vista que o material impresso não consegue "discutir" a adequação ou a precisão da resposta do aluno.

Além disso, materiais impressos costumam ter produção e distribuição mais demoradas:

> Frequentemente, uma unidade de educação a distância deve decidir sobre livros-texto com até seis meses de antecedência da abertura do curso para garantir a entrega do material aos alunos. Uma vez que, hoje em dia, em menos de três meses desenvolve-se um curso baseado na internet, os livros-texto podem ser escolhidos antes do plano de curso se tornar conhecido. Além disso, os cursos que dependem de material impresso têm de ser completamente reestruturados quando o livro exigido deixa de ser publicado, o que acontece com frequência.[47]

> Os cursos de educação a distância baseados em material impresso podem levar de nove meses a dois anos entre a aprovação e o início da primeira turma. Frequentemente, tem de ser produzido e distribuído aos alunos um material impresso suplementar para corrigir eventuais erros (especialmente quando isso afeta as tarefas) ou mudanças desde que o material foi originalmente produzido (por exemplo, novas leis, novos desenvolvimentos numa área específica). Livros-texto que deixam de ser publicados podem ser um grande problema para cursos baseados em material impresso, especialmente quando o manual do curso foi escrito tendo como referência um livro-texto específico.[48]

Mas as vantagens também são consideráveis, pois os materiais impressos podem ser entregues e manuseados em qualquer lugar, com um custo baixo, não exigindo equipamento especial nem infraestrutura específica.

No aspecto pedagógico, um dos limites do impresso é a quase impossibilidade de representar o movimento. Mas a evo-

---

47 *Ibidem.*
48 *Ibid.*, pp. 88-89.

lução dos planejadores gráficos – no uso de ilustrações e recursos sinalizadores – reduz bastante essa dificuldade.

Mais que uma limitação, pode-se falar de uma "vocação" do material impresso, de uma vantagem comparativa:

> Por meio do texto, o material impresso pode representar precisamente fatos, ideias abstratas, regras, princípios e argumentos detalhados, extensos ou complexos. É bom para narrar ou contar histórias e, nas mãos de um hábil escritor, pode se prestar à interpretação e à imaginação. Uma vez que o material impresso lida bem com abstrações, ele pode ser um meio muito denso, de forma que um único livro pode conter grandes quantidades de informação "codificada". O material impresso, portanto, parece ter grandes vantagens para lidar com o pensamento lógico e racional, que exige precisão factual, clareza de pensamento e a capacidade de assimilar argumentos e ideias que possam ser reproduzidos e examinados por outros. Assim, o próprio material impresso se presta tanto à análise crítica consciente quanto à persuasão intelectual, bem como emocional, por aqueles que aprenderam as habilidades de comunicação por meio do material impresso.[49]

Critérios para seleção das tecnologias adequadas

Para dar conta desse problema, Bates propõe a seguinte grade analítica(ACTIONS):

- A - Acesso: "quão acessível é uma tecnologia específica para os alunos-alvo?";
- C - Custos: "qual é o custo da estrutura de cada tecnologia?", "Qual é o custo por aluno?";
- T - Ensino e aprendizagem (*teaching and learning*): "quais tipos de aprendizagem são necessários?", "Quais abordagens educacionais atenderão melhor a essas necessidades?", "Quais são as melhores tecnologias para apoiar o ensino e a aprendizagem?";

---

49 A. W. Bates, *Technology, E-learning and Distance Education*, cit., pp. 69-70.

- I - Interatividade e facilidade de utilização: "que tipo de interação essa tecnologia permite?", "Quão fácil é sua utilização?";
- O - Questões organizacionais (*organizational issues*): "quais são as exigências organizacionais e as barreiras a serem removidas antes que essa tecnologia seja utilizada de modo bem-sucedido?", "Que mudanças precisam ser feitas na organização?";
- N - Novidade: "quão nova é essa tecnologia?";
- S - Velocidade (*speed*): "quão rapidamente podem ser organizados os cursos por meio dessa tecnologia?", "Quão rapidamente os materiais podem ser modificados?".[50]

A questão da facilidade de acesso e a utilização dos polos presenciais

A educação a distância nasceu e se desenvolveu para permitir o acesso àqueles menos favorecidos pelo ensino presencial. Assim, desde logo, quando o curso de EaD é criado, deve perguntar: "qual aluno quero atingir?", "O modo como opero permite isso?". A resposta será diferente para cada uma das variadas instituições com suas diversificadas "missões".

Assim, para uma universidade de pesquisa altamente seletiva, pode ser aceitável exigir que todos os estudantes tenham um *laptop*. Contudo, uma universidade aberta precisa acomodar estudantes que tiveram o acesso negado em instituições convencionais, grupos excluídos, desempregados, trabalhadores pobres e trabalhadores que precisam de aprimoramento ou treinamento e educação mais avançados. Assim, uma instituição aberta precisa usar tecnologias disponíveis e acessíveis a todos os seus alunos potenciais.

Há ainda outra pergunta: "em qual local o aluno vai estudar?". As alternativas também interferem no modo como a instituição de EaD se organizará. Afinal, o aluno pode estudar:

---

50 *Ibidem.*

- no *campus*;
- em casa;
- num centro local dedicado ao ensino aberto;
- numa instituição local de ensino público, com instalações compartilhadas entre alunos do *campus* e alunos "distantes";
- no trabalho (num computador individual ou num centro de aprendizagem da empresa);
- num centro comercial, como um cibercafé.

Das diferentes respostas, dependem variadas estruturas e políticas de acesso. Em alguns casos, é possível fornecer laboratórios de informática e acesso à internet para os alunos no próprio *campus*. Em outros, isso não fará sentido.

Em outros casos, pode ser viável oferecer equipamentos de baixo custo para uso doméstico. Os cursos por correspondência de perfil profissionalizante quase sempre forneciam *kits* de experimentação, como um aparelhamento químico, um conjunto de peças para montagem de um rádio, por exemplo. Algumas vezes, o *kit* era reutilizável por outros estudantes.

Em muitos países, o acesso aberto e a aprendizagem em casa são limitados: linhas de comunicação e até mesmo energia elétrica podem falhar ou inexistir. Lembrando que ambientes domésticos com pouco conforto ou "facilidades" podem simplesmente inviabilizar o estudo e a aprendizagem.

Uma alternativa utilizada com frequência por grandes instituições na forma de acordos de cooperação é a criação de centros ou polos presenciais compartilhados ou exclusivos para estudantes de educação a distância em instituições convencionais (presenciais). No entanto, isso pode enrijecer um pouco o sistema, impondo o deslocamento do estudante. Mas, em muitos casos, se mostra essencial para viabilizar locais de estudo e uso de materiais (computadores, livros, laboratórios).

Nesse sentido, uma advertência de Bates não deve ser esquecida: "O acesso e a disponibilidade de equipamentos podem ser os fatores discriminadores mais poderosos para julgar a conveniência de uma tecnologia específica para os alunos 'distantes'".[51]

A organização das equipes de curso em educação a distância: composição, articulação, contratos e formas de remuneração

Uma instituição de educação a distância – como toda instituição que utiliza intensamente as tecnologias da informação e da comunicação para fins educativos – precisa incorporar um conjunto variado de profissionais, nem sempre assimilados à ideia de uma escola ou universidade. Em geral, esses profissionais são indispensáveis, entre eles:

- especialistas em matérias, temas e disciplinas (autores, consultores);
- planejadores de ensino (para o desenvolvimento do curso e a articulação de tecnologias educacionais);
- editores;
- bibliotecários e especialistas em organização documental;
- produtores gráficos (ilustradores, diagramadores);
- revisores e preparadores de texto.

Em algumas instituições (menores ou menos aquinhoadas), podem-se combinar vários desses trabalhos. Algumas vezes, principalmente em escolas tradicionais, primordialmente as presenciais, já existe um trabalho acadêmico convencional ou um livro-texto que é "convertido" em material didático de EaD por equipes técnicas especializadas, centros de mídia, etc. Assim, por exemplo, de acordo com Bates:

> Em algumas instituições bimodais, o ensino no *campus* é transportado para o ensino fora do *campus*, de modo que as anotações de aula são convertidas em material duplicado ou impresso, e listas de leitura são distribuídas para alunos fora do *campus*. Isso é muito mais barato, mas levanta sérias questões sobre a qualidade

---

[51] *Ibid.*, pp. 50-51.

e a adequação do material impresso para alunos distantes, independentes.[52]

Em relação ao "custeio do tempo acadêmico", Bates afirma:

> O mais comum é pagar a um professor um valor extra para desenvolver um curso de educação a distância. Na UBC, o valor para um curso de 13 semanas, 100 horas de estudo, é de 4.500 dólares. Deve-se notar que essa é uma taxa de terceirização do professor, mesmo que se trate de um professor titular, permanente. Esse modelo resulta no desenvolvimento do curso, sendo tratado como um trabalho extra por um dinheiro extra.[53]

Entretanto, Bates aponta um modo alternativo, bastante utilizado na University of British Columbia:

> [...] o chefe de departamento designará tempo para o desenvolvimento de cursos de educação a distância como parte da carga regular de ensino. O Departamento de Educação a distância e Tecnologia transferirá os 4.500 dólares ao departamento. Isso permite que o chefe de departamento contrate um instrutor para cobrir as aulas presenciais que o professor teria dado se não estivesse preparando o curso. Esse modelo é preferível para um professor titular, que tem uma carga de aulas presenciais reduzidas em vez de um baixo pagamento. Esse modelo está agora se tornando cada vez mais comum em cursos de educação a distância de graduação na UBC, de forma que um curso de educação a distância é tratado simplesmente como uma outra parte de uma grande aula.[54]

---

52 *Ibid.*, p. 79.
53 *Ibid.*, p. 80.
54 *Ibidem.*

Algumas considerações à guisa de conclusão

Este capítulo final discute aspectos geralmente chamados de "recomendações de política". A primeira conclusão do estudo dessas experiências internacionais e dos debates da literatura especializada é de que muitos dos problemas emergentes nessa modalidade constituem uma réplica, por vezes ampliada, de dificuldades já conhecidas das formas presenciais de ensino. Talvez elas apareçam de modo mais agudo ou dramático pelo fato de estarmos diante de um fenômeno relativamente novo – e que, portanto, desperta esperanças e receios quase sempre infundados. Ou talvez isso decorra de outro fato bastante conhecido nas políticas públicas: as dificuldades maiores aparecerem no momento de implantação ou elaboração dos programas e definição de parâmetros.

Feitas essas ressalvas, uma questão se coloca: "O que o Estado deve e pode fazer nessa área?". Como se sabe, o poder público tem, nas diferentes atividades sociais, um papel fundamentalmente regulador. Aqui, veremos como isso se concretiza no campo que nos interessa, a educação. Com algum grau de arbitrariedade e com muitas margens de sobreposição, podemos distinguir dois tipos de regulação:

- discriminar negativamente: pelo monopólio na produção da norma jurídica, o Estado pode inibir ou impedir eventos para que "a moeda má não liquide a moeda boa", para que o estelionatário não vire herói social. Isso significa, basicamente, "baixar" leis, decretos, normas, etc., geralmente instrumentos de restrição.

- discriminar positivamente: lembrando a famosa fórmula de Adam Smith, cabe ao Estado criar ou fomentar instituições que indivíduos ou grupos de indivíduos não conseguem ou não se sentem estimulados a criar (investimentos caros, de retorno lento e incerto, etc.). O termo "instituições" se emprega, aqui, em duplo sentido: organizações e regras de comportamento que se reiteram. Este segundo sentido também deve ser contemplado, pois por vezes o poder público cria condições para a instalação e/ou a ampliação de comportamentos que de outro modo seriam restringidos pelas condições existentes. Isso significa, basicamente, propor e implementar programas (que evidentemente também vigoram por meio de instrumentos legais).

O papel do setor público na "cadeia produtiva" da educação

Quais regulações, leis e programas? Sobre quais atividades? Com qual grau de abrangência? Questões como essas se colocam diante das autoridades públicas incumbidas de velar pela educação.

O campo da educação como atividade socioeconômica talvez já se aproxime da caracterização de uma cadeia de valor, o que ajudaria a ver as conexões entre as diferentes e segmentadas partes da cadeia e a forma, o tamanho, a gestão e a natureza jurídica das unidades econômicas em cada uma delas (diagrama 5).

Diagrama 5. A educação numa cadeia de valor

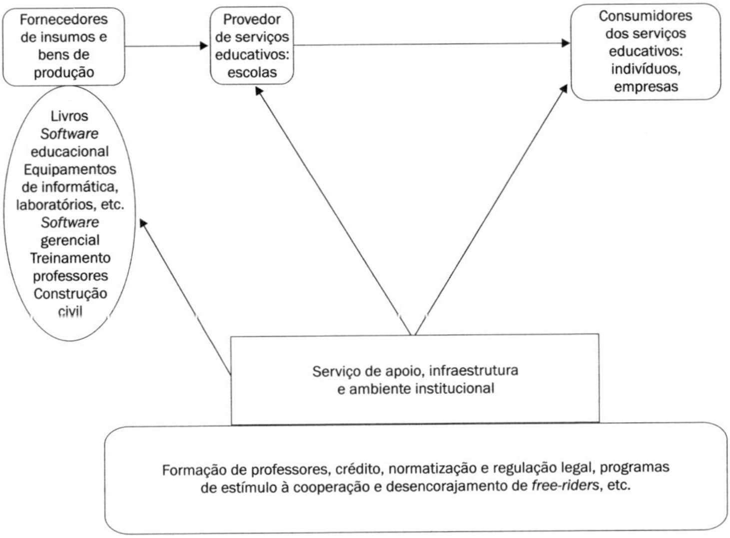

Qual a utilidade de fazer tal decomposição? Pode servir, por exemplo, para perguntar em que pontos da cadeia se ganha com a concentração de escala e escopo. Em quais pontos o poder público deve ingressar, empreendendo atividades ou criando programas que estimulem algum tipo de cooperação. E em quais pontos vale a pena deixar que floresçam unidades menores, autogeridas.

Onde há ganhos, escala e escopo que justifiquem "grandes obras de infraestrutura", investimentos concentrados, eventualmente por parte do poder público? Onde eles são decisivos para a efetivação de custos unitários suportáveis e descendentes, conforme a oferta repetida e a expansão do público atingido? E como se combinarão com pontos independentes (privados, com ou sem fins lucrativos) operando em redes?

Desse modo, parece que esse nível da grande escala pode ser denominado de "básico" em dois sentidos. Básico se refere a um nível inicial, mas também àquilo que é pervasivo, reiterativo, de insumo necessariamente compartido, que atravessa várias atividades dele dependentes. A operação de instituições de ensino depende de alguns insumos básicos pervasivos (não apenas de eletricidade). E a aprendizagem também tem uma hierarquia nos chamados "conteúdos". Assim, a alfabetização é condição *sine qua non* de acesso a outros conhecimentos, e o mesmo ocorre com a familiarização com outras linguagens (o desenho ou o mapa, o idioma estrangeiro, as matemáticas, etc.). Com a emergência das chamadas "falhas de mercado" e de fatores externos positivos e negativos, é possível prever a possibilidade e a necessidade de escalas maiores nesses níveis e conteúdos de ensino-aprendizagem

Nesse sentido, alguns eixos de intervenção do setor público parecem mais evidentes:

- formação de quadros (professores, tutores, especialistas de mídia). Inclui-se aqui, no nosso caso, a atenção a programas dirigidos a bolsistas que fazem estágios docentes, um segmento nada desprezível, considerando a dimensão das universidades brasileiras e de seus programas de pós-graduação e especialização;
- produção de material instrucional básico, estratégico e de longa duração. Pode ser o caso de projetar um centro de elaboração de materiais (livros-texto, guias de estudo, *softwares*, vídeos, CDs) ou de criar programas especiais que fomentem a emergência de instituições desse tipo (fundações independentes, por exemplo). Particular atenção deve ser dada aos conteúdos "básico-pervasivos". Outra alternativa pode ser a criação de programas de estímulo à criação desses materiais no esquema *lone ranger*, já comentado anteriormente e ao qual voltaremos logo adiante. Esse sistema tem suas vantagens e desvantagens, com linhas de menor resistência, mas não necessariamente de maior eficiência;
- programas de estímulo e regulação (para que "floresçam mil flores"). O setor público pode abrir estradas, providenciar sinalização e sistemas de semáforos, sem ne-

cessariamente adquirir e conduzir veículos. Pode ter um programa de formação de professores, produção de materiais e, eventualmente, oferecer alguns cursos de grande escala e generalidades, deixando a cargo dos parceiros locais a criação de polos de apoio, cursos complementares, contratação de auxiliares para a aprendizagem;

- certificação, informação sobre cursos e avaliação. Essa é uma área indispensável para selecionar as "moedas boas e más", para orientar os usuários do sistema e para legitimar a modalidade, retirando-a do limbo da "educação de segunda classe". No nosso caso, ela só pode ser exercida pelo poder público, *stricto sensu*.

O que é possível fazer e deve ser estimulado nas instituições convencionais de ensino superior?

Nas universidades tradicionais, faz sentido criar ou estimular uma unidade ou um centro de operações específico para assuntos de EaD? Em algumas delas, como sabemos, isso não é coisa fácil, em razão, por exemplo, da condição de autonomia das universidades e do significado que isso adquiriu ao longo do tempo.

Listamos aqui alguns argumentos a favor da criação de centros ou unidades desse tipo, como têm sido enunciados em diferentes ocasiões, por diferentes autores:

- esses centros fomentam a criação de regras e difundem fórmulas para organizar e gerenciar cursos e recursos em EaD, criando um canal de comunicação com a administração da universidade (reitoria, conselhos, etc.);
- estimulam os docentes a ingressar nessas atividades, com apoio para estruturação dos cursos, bolsas específicas para alunos que trabalhem na montagem, em monitoria, etc.;
- canalizam recursos e oferecem o apoio técnico e a base material dessas iniciativas atualizando computadores

(*hardware* e *software*), fornecendo recursos para videoconferência, material bibliográfico, disponibilizando espaço nas redes de comunicação (rádio e tevê), etc.;

- promovem a interação entre os diferentes projetos, visando ampliar sinergias, otimizar o uso de recursos e racionalizá-los;
- enfrentam mais sistematicamente o problema dos direitos de propriedade sobre os materiais produzidos;
- criam instrumentos mais eficientes e coletivos para armazenar, classificar e permitir o acesso a materiais produzidos, cursos oferecidos, ambientes;
- viabilizam o acesso a plataformas de aprendizagem virtual;
- promovem palestras, organizam publicações (impressas e virtuais) e exposições, contribuindo para "popularizar" a EaD e atualizar os conhecimentos nas inovações da área, viabilizando a criação de novos métodos, instrumentos, etc.;
- criam um banco ou um cadastro de professores, monitores, tutores e pessoal de suporte para iniciativas de EaD.

Em um de seus estudos, Bates[55] faz um balanço da forma mais "natural" e comum de introdução de programas de educação a distância em instituições tradicionais, predominantemente presenciais. Essa forma, denominada por ele de *lone ranger*, consiste na atividade isolada de um professor ou um pequeno grupo de professores. Entre os aspectos positivos, o autor menciona o fato de que esse modo difunde inovações, introduz uma nova cultura, revela e desenvolve talentos, etc. Mas aponta também para o amadorismo que geralmente acompanha esse tipo de iniciativa, com reflexo na qualidade ou no acabamento dos materiais, tendo em vista que muitas vezes só são difundidos os resultados bem-sucedidos, abrindo caminho para a repetição de erros, para o tempo que os professores dedicam ao

---

55 A. W. Bates, *Como gestionar el cambio tecnológico: estrategias para los responsables de centros universitarios* (Barcelona: Gedisa, 2001), cap. 3.

aspecto mais artesanal ou técnico do trabalho em detrimento daquele propriamente intelectual ou pedagógico. Ainda assim, Bates indica uma série de iniciativas que a administração pode tomar para melhorar a atividade de criação de materiais nessa linha, sobretudo com o uso de subvenções:

- antes de aprovar a subvenção, exigir que o solicitante explicite, no final do projeto, como o material será utilizado;
- exigir que o departamento ou a faculdade aponte contrapartidas;
- determinar que o solicitante siga cursos de formação específicos;
- reivindicar a criação de sessões de demonstração do material (durante a elaboração e no final do projeto);
- oferecer oficinas (presenciais ou não) para formação de professores quanto ao uso das TICs;
- criar uma unidade central de apoio técnico.[56]

Para concluir, parece útil resumir as alternativas organizacionais para a criação e a manutenção de um sistema de EaD. A tabela 4 pode orientar a tomada de decisões e a escolha de caminhos a partir da consideração dos recursos disponíveis e das culturas já estabelecidas.

---

[56] A. W. Bates, *Como gestionar el cambio tecnológico: estrategias para los responsables de centros universitarios*, cit.

Tabela 4. Alternativas de organização para educação a distância

Modelos	**Características**	**Vantagens**	**Riscos e desvantagens**
1. Instituições exclusivamente a distância, incluindo megauniversidades	Centralizadas. Produção massiva de materiais didáticos. Cursos homogêneos, oferta mais ou menos "tradicional". Instituições de grande alcance (nacional e internacional).	Grandes escalas aproveitam melhor a infraestrutura existente e reduzem os custos (produção de materiais e tutoria). Tendência a formar pessoal com dedicação específica, exclusiva e especializada.	Diminuem a possibilidade de interação; difícil atualização dos materiais de estudo e difícil adequação regional/local.
2. Unidades nas instituições tradicionais, mas com organização e currículos específicos e independentes	Cada modalidade (EaD e presencial) tem seu próprio currículo, pessoal e administração.	Espaços, materiais e pessoal específicos para EaD.	Precisam de investimento adicional.
3. Unidades na instituição tradicional, mas compartilhando recursos, grade curricular, etc.	Instituições e cursos tradicionais que incorporam recursos de TIC/EaD para diversificar os modos de aprendizagem e ampliar opções.	Aproveitam os recursos existentes. Fortalecem, enriquecem e flexibilizam os programas educativos presenciais.	"Escolarizam" a EaD. Dificuldade de encontrar pessoal que consiga atender ao mesmo tempo modalidades diferentes.
4. Consórcios e redes	Todos os membros do consórcio produzem, recebem e certificam.	Aproveitamento ótimo de recursos, escalas apropriadas de produção, adequação regional e institucional.	Exigem políticas complexas de colaboração e cooperação (condição de sucesso).

De um lado, esses modelos parecem constituir a descrição daquilo que já existe como experiência consolidada internacional. Isto é, a tabela 4 parece ser uma descrição adequada da variedade de espécies de educação a distância, quadro no qual o formulador de políticas poderia se mover para escolher os modos mais adequados a suas circunstâncias específicas. Contudo, numa reflexão mais cuidadosa, não é apenas isso o que podemos extrair da tabela. Também existe nesse quadro uma sugestão de diacronia, uma série temporal somada a um efeito de *feedback*, de atração do modelo mais recente sobre o mais antigo. A era das megauniversidades constituiu um momento decisivo da experiência internacional. Em alguns casos, consolidadas e sustentadas por grandes escalas, sobreviverão e provavelmente superarão alguns dos limites colocados na última coluna. Como vimos nos modelos apresentados anteriormente e nas entrevistas com dirigentes de diferentes instituições (a UAb e a Uned, por exemplo), as dificuldades de interação se mostram diminuídas pelo uso mais intensivo de novas tecnologias, hoje vulgarizadas e barateadas. Desse modo, a atualização e a particularização (adequações regionais, setoriais) da oferta de cursos, bem como da produção de novos materiais didáticos, podem ser obtidas por meio da constituição de redes de parcerias e equipes flexíveis, menos "rotinizadas e fordistas". Assim, o modelo 1 (das megauniversidades) parece absorver algumas das vantagens do modelo 4 (redes e consórcios).

Os modelos 2 e 3 também parecem evoluir nessa direção. Dificilmente poderiam se manter do mesmo modo como são ou foram. Em suma, os modelos recentes (redes e consórcios) não apenas parecem indicar caminhos mais adequados para novas iniciativas, como também indicam modos de reformar e "oxigenar" as instituições *dual mode* já estabelecidas. Essa consideração é decisiva nos países relativamente retardatários nessa modalidade de educação. Em grande medida, esse é o caso do Brasil. Os modelos de intervenção pública nessa área parecem tomar a direção do modelo 4. Contudo, não podem esquecer ou subestimar aqueles eixos fundamentais, em que o poder público precisa ter presença determinante, por razões de escala ou para impor regras de uso universais resistentes aos comportamentos oportunistas, aos aproveitadores que, em última análise, desmoralizam até mesmo uma boa ideia. Assim, regulação, produção de materiais didático-instrucionais, infraestrutura básica e formação de pessoal são pontos nodais, delicados e caros da cadeia, não devendo ser subestimados.

Apêndice

Three Models of Distance Education

Institute for Distance Education, University of Maryland (disponível em http://www.umuc.edu/ide/modldata.html).

O documento da University of Maryland a respeito dos três modelos de EaD examina três formatos estilizados: A) Sala de aula distribuída; B) Aprendizado independente; C) Ensino aberto e sala de aula. Após uma descrição geral de suas características, os três modelos são comparados de acordo com os seguintes aspectos: papel do corpo docente/experiência; experiência dos alunos presenciais; experiência dos alunos distantes; tecnologias de apoio às sessões de aula; tecnologias de apoio para comunicação fora da sala de aula; oportunidades de interação; serviços de apoio necessários.

Descrições

Modelo A: sala de aula distribuída

Tecnologias de telecomunicação interativa expandem um curso presencial de um lugar a um grupo de alunos em um ou mais outros lugares; o resultado típico é uma "seção" expandida que mescla alunos presenciais e distantes. O corpo docente e a instituição controlam o ritmo e o lugar da instrução.

Modelo B: aprendizado independente

Este modelo libera os alunos da obrigatoriedade de estar num lugar numa hora determinada. Uma variedade de materiais é fornecida aos alunos, incluindo um guia de curso e um plano detalhado de estudos, bem como o acesso ao corpo docente que dá orientação, responde a perguntas e avalia seu trabalho. O contato individual entre aluno e instrutor é organizado por meio de uma dessas tecnologias ou da combinação entre elas: telefone, mensagem de voz, conferência por computador, correio eletrônico e correio convencional.

Modelo C: ensino aberto e sala de aula

Este modelo envolve o uso de um guia de curso impresso e outras mídias (como fitas de vídeo ou CDs) para permitir ao aluno estudar no seu próprio ritmo, combinando o uso ocasional de tecnologias de telecomunicação interativas para reuniões de grupo entre todos os alunos matriculados.

Características

Modelo A

- sessões presenciais envolvem comunicação simultânea, exigindo que alunos e corpo docente estejam num local determinado numa hora específica (uma vez por semana no mínimo);
- o número de lugares varia de dois (ponto a ponto) a cinco ou mais (ponto a multiponto). Quanto maior o número de lugares, maior a complexidade técnica, logística e em termos de percepção;
- os alunos podem se matricular em locais mais convenientes que o *campus* em relação a suas casas ou seu local de trabalho;
- as instituições podem oferecer alguns serviços a pequenos grupos de alunos em cada localidade;
- a natureza da experiência mimetiza aquela de uma sala de aula tanto para o instrutor quanto para o aluno.

Modelo B

- não há sessões presenciais. Os alunos estudam de forma independente, seguindo as instruções detalhadas do plano de estudos;
- os alunos podem interagir com o instrutor e, em alguns casos, com outros alunos;
- a apresentação do conteúdo do curso é feita por meio de materiais impressos, CDs ou fitas de vídeo, podendo ser revisados pelo aluno em lugar e hora de sua escolha;
- os materiais de curso são usados por vários anos e, geralmente, são resultado de um processo de desenvolvimento estruturado que envolve planejadores de instrução, especialistas em conteúdo e em mídia, não sendo específicos de determinado instrutor.

Modelo C

- a apresentação do conteúdo do curso é feita por meio de materiais impressos, CDs ou fitas de vídeo, podendo ser revisados pelo aluno em lugar e hora de sua escolha, individualmente ou em grupo;
- os materiais de curso (para preparação do conteúdo) são usados por mais de um semestre e frequentemente são específicos de um instrutor em particular (por exemplo, uma fita de vídeo das aulas do instrutor);
- os alunos se reúnem em grupos periodicamente em locais específicos para aulas presenciais conduzidas por um instrutor por meio de tecnologias interativas (seguindo o modelo de sala distribuída);
- as sessões presenciais têm o objetivo de fazer com que os alunos discutam e esclareçam conceitos e se envolvam em atividades de resolução de problemas, trabalhos em grupo, experiências de laboratório, simulações e outros exercícios aplicados de aprendizagem.

O papel do corpo docente/experiência

Modelo A

- em geral, o corpo docente não muda significativamente o seu papel em relação ao que assume numa aula tradicional. Contudo, o uso de tecnologia requer maior adaptabilidade no modo de apresentação;
- é comum que o corpo docente veja a necessidade de reduzir o material apresentado no sentido de permitir tempo adicional para tarefas relacionadas e o gerenciamento das tecnologias. Sabe-se que a crescente familiaridade com a tecnologia e o ambiente pode, em alguma medida, suavizar essa questão;
- com frequência, o corpo docente vê a necessidade de aumentar o tempo de planejamento para cada aula. O planejamento antecipado e a preparação aumentam a autoconfiança do apresentador, reduzem o estresse e capacitam o corpo docente a conduzir as aulas com facilidade.

Modelo B

- membros do corpo docente estruturam e auxiliam a experiência de aprendizagem, mas costumam partilhar com o aluno o controle sobre o processo;
- os docentes devem se familiarizar com o conteúdo dos materiais (impressos e outros) antes do início do semestre para que possam desenvolver um plano de estudos detalhado e, se necessário, planejar o uso eficaz das tecnologias interativas, como conferências por computador e mensagens de voz;
- os docentes monitoram os alunos individualmente, estando mais disponíveis para auxiliar o aprendizado de cada aluno, pois estão liberados do compromisso de preparar e entregar conteúdos para aulas presenciais semanais (ou mais frequentes).

Modelo C

- membros do corpo docente estruturam e auxiliam a experiência de aprendizagem, mas, em grande medida, partilham com o aluno o controle sobre o processo;
- a mudança de papel encoraja o corpo docente a focalizar o processo de instrução e a tirar vantagem das mídias disponíveis;
- os docentes devem se familiarizar com o conteúdo dos materiais e planejar o uso eficaz das sessões interativas que exploram esses recursos;
- os docentes devem identificar recursos adicionais para apoiar o aprendizado do aluno;
- os docentes monitoram os alunos individualmente um por um, estando mais disponíveis para auxiliar o aprendizado de cada aluno, pois estão liberados do compromisso de preparar e entregar conteúdo para aulas presenciais semanais (ou mais frequentes).

A experiência dos alunos presenciais

Modelo A

- uma vez que o membro do corpo docente está fisicamente presente no lugar, os alunos presenciais podem ter uma experiência similar àquela da sala de aula tradicional;
- os docentes podem ser menos tolerantes a problemas tecnológicos e desafios quando comparados aos alunos "distantes", tendo em vista que há pouca probabilidade de que percebam um benefício pessoal resultante do uso de tecnologia;
- os docentes podem se ressentir de ter de ministrar sua aula de forma fragmentada em diferentes locais.

Modelo B

- os alunos não frequentam aulas, o que lhes dá o máximo de flexibilidade para organizar seu tempo para atender aos prazos e aos requisitos do curso;
- os alunos devem ser constantemente motivados, pois precisam desenvolver boa capacidade de organização e administração do tempo, além de habilidade para se comunicar de forma escrita, ter iniciativa e demonstrar comprometimento e excelentes resultados.

Modelo C

- com menos membros nas sessões de aula, todos os alunos (presenciais e distantes) adquirem flexibilidade;
- as aulas periódicas os ajudam a estruturar seu trabalho, mas o formato requer mais disciplina e maturidade por parte dos alunos em comparação àquele de aulas semanais (ou mais frequentes);
- o foco interativo das sessões de grupo pode diminuir as desvantagens percebidas nos alunos que não estão no mesmo local que o instrutor.

A experiência dos alunos distantes

Modelo A

- eles tendem a se sentir isolados e separados da aula "real", a menos que o membro do corpo docente faça um esforço coordenado para incluí-los;
- frequentemente formam um grupo de trabalho fechado com alunos da mesma localidade;
- em geral, acreditam que a experiência mediada (até mesmo as teleconferências) seja diferente da comunicação face a face, porque, em alguns casos, a mediação afeta claramente a percepção e a comunicação, e em muitos casos, de modo sutil;

- eles farão concessões aos possíveis problemas com tecnologia se perceberem um benefício pessoal (acesso à instrução não disponível de outro modo, local próximo à sua casa ou local de trabalho).

Tecnologias de apoio às sessões de aula

Modelo A

- vídeos interativos de mão dupla (comprimidos ou *full-motion*);

ou

- vídeos de mão única com áudio de mão dupla;

ou

- audioconferências;

ou

- conferências audiográficas.

Modelo B

- nenhuma tecnologia é utilizada, uma vez que não há sessões de aulas.

Modelo C

- vídeos interativos de mão dupla (comprimidos ou *full-motion*);

ou

- vídeos de mão única com áudio de mão dupla;

ou

- audioconferências;

ou

- conferências audiográficas.

Tecnologias de apoio para comunicação fora da sala de aula

Modelo A

- telefone;
- correio;
- fax;
- computador (para acesso a biblioteca e outros recursos *on-line*, *e-mail*, conferências e entrega de tarefas).

Modelo B

- correio;
- telefone;
- mensagem de voz;
- computador (para acesso a biblioteca e outros recursos *on-line*, *e-mail*, conferências e entrega de tarefas).

Modelo C

- telefone;
- computador (para acesso a biblioteca e outros recursos *on-line*, *e-mail*, conferências e entrega de tarefas);
- correio.

Oportunidades de interação

Modelo A

- todos os alunos têm oportunidade de interagir verbalmente durante a aula, tanto com o instrutor como uns com os outros. Os alunos presenciais têm interação visual com o instrutor e com os outros alunos da sala. Os alunos distantes podem ter a oportunidade de interagir visualmente com o instrutor e outros alunos dependendo da tecnologia usada;
- os alunos presenciais podem interagir com o instrutor antes e depois da aula;

- há interação fora da sala de aula por telefone, conferência por computador, mensagem de voz ou outros meios, quando disponíveis.

Modelo B

- os instrutores fornecem informação no plano de estudos sobre como e quando os alunos podem contatá-los. Em geral, há uma variação muito grande na frequência com que instrutor e aluno se comunicam quando a iniciativa parte do aluno;
- os instrutores fornecem comentários detalhados sobre as tarefas escritas dos alunos;
- quando estão disponíveis mensagens de voz e/ou conferências por computador, os instrutores fornecem uma estrutura para discussões interativas por meio da proposição de tópicos ou fornecem outro estímulo para discussão.

Modelo C

- todas as sessões de aula são planejadas para que haja interação com o instrutor e os outros alunos. Frequentemente, são sessões de resolução de problemas, já que o tempo não tem de ser dedicado a aulas expositivas ou outros meios de apresentação de conteúdo;
- há interação individual entre alunos e o membro do corpo docente sempre que necessário por telefone, correio, *e-mail* ou mensagem de voz.

Serviços de apoio necessários

Modelo A

- acesso a apoio técnico em todos os lugares, com um técnico/reparador totalmente capacitado no local de origem das sessões;
- um assistente para lidar com a logística, a distribuição e a coleta de materiais em todos os locais;

- acesso a um aparelho de fax, um telefone e uma fotocopiadora.

Modelo B

- uma estrutura administrativa significativa é crucial para apoiar tanto os alunos quanto os instrutores;
- um sistema para fiscalizar os exames que seja de certa forma flexível para os alunos, mas que atenda às exigências institucionais de segurança dos exames.

Modelo C

- acesso a apoio técnico em todos os lugares, com um técnico/reparador totalmente capacitado no local de origem das sessões;
- um assistente para lidar com a logística, a distribuição e a coleta de materiais em todos os locais;
- acesso a um aparelho de fax, um telefone e uma fotocopiadora.

Bibliografia

ABELS, Paul (org.). *Distance Education in Social Work*. Nova York: Springer, 2005.

ACE FACT SHEET ON DISTANCE. *Frequently Asked Questions About Distance Education*, 2000 (disponível em http://www.acenet.edu).

AT&T FOUNDATION. *Distance Education and the University Culture: Creating a Policy Environment for Distance Education*. The Report of Three Policy Symposia held as part of the Innovations in Distance Education Project Partially funded by a Grant from The AT&T Foundation, 1995-1998.

BATES, A. W. *Como gestionar el cambio tecnológico: estrategias para los responsables de centros universitarios*. Barcelona: Gedisa, 2001.

_______. *Distance Education in a Dual Mode Higher Education Institucion: a Canadian Case-Study*, 2004 (disponivel em http://www.tonybates.ca/papers/KNOUpaper.htm).

_______. *Distance Education in Dual Mode Higher Education Institutions: Challenges and Changes*, 2000 (disponível em http://bates.cstudies.ubc.ca/papers/challengesandchanges.html).

_______. *Technology, E-learning and Distance Education*. 2ª ed. Londres/Nova York: Routledge, 2005.

_______. *The Future of Learning* (disponível em http://bates.cstudies.ubc.ca/learning.html).

_______ & ESCAMILLA DE LOS SANTOS, J. G. "Crossing Boundaries: Making Global Distance Education a Reality". Em *The Journal of Distance Education*, 12 (1), 1997.

BINGHAM, John; DAVIS, Teresa; MOORE, Cathy. *Emerging Technologies in Distance Learning, Issues Challenging Edu-*

cation (disponível em http://horizon.unc.edu/projects/issues/papers/Distance_Learning.html).

BRENEMAN, David W.; PUSSER, Brian; TURNER; Sarah E. (orgs.). *Earnings from Learning: the Rise of For-Profit Universities*. Nova York: State University of New York Press, 2006.

CARABAÑA, Julio. "El 'punto ciego' de la Ley de Universidades". Em *Claves de Razón Práctica*, nº 119 (disponível em http://claves.progresa.es/pdf/2002/Claves_119.pdf).

CEBRIAN, Manuel (org.). *Enseñanza virtual para la innovación universitaria*. Barcelona: Narcea, 2003.

CHEA. *Distance Learning in Higher Education*, nº 3 (disponível em http://www.chea.org).

COHEN, Arthur M. & BRAWER, Florence B. *The American Community College*. São Francisco: Jossey-Bas, 1996.

DANIEL, J. *Mega-Universities and Knowledge Media: Strategies for Higher Education*. Londres: Kogan Page, 1998.

DEL BELLO, Juan Carlos; BARSKY, Osvaldo; GIMÉNEZ, Graciela. *La universidad privada argentina*. Buenos Aires: Libros del Zorzal, 2007.

EATON, Judith S. *Distance Learning: Academic and Political Challenges for Higher Education Accreditation*. Council for Higher Education Accreditation CHEA Monograph Series 2001, nº 1 (disponível em http://www.eric.ed.gov:80/ERICWebPortal/contentdelivery/servlet/ERICServlet?accno=ED450673).

________. *Maintaining the Delicate Balance: Distance Learning, Higher Education Accreditation and the Politics of Self-Regulation*. American Council on Education, 2003 (disponível em http://www.acenet.edu/bookstore).

FISHER, Saul. "The Market for Higher Education at a Distance: Traditional Institutions and the Costs of Instructional Technology". Em BRENEMAN, David W.; PUSSER, Brian; TURNER, Sarah E. (orgs.). *Earnings from Learning: the Rise of For-Profit Universities*. Nova York: State University of New York Press, 2006.

FLOR, Alexander G. *Ase Study for the Philippines: the Open Academy for Philippine Agriculture* (disponível em http://www.upou.org/papers/AGFlor_2007/2006FAOHAEIA.pdf).

_______. *Social Capital and the Network Effect: Implications of China's Learning and Rural ICT Iniciatives* (disponível em http://www.upou.org/books/2004ADBI1.htm).

GRAZIANO DA SILVA, José. *O novo rural brasileiro*. Campinas: Instituto de Economia da Unicamp, 2002.

GRUBB, W. Norton (org.). *Honored But Invisible: an Inside Look at Teaching in Community Colleges*. Nova York/Londres: Routledge, 1999.

HANNAN, Andrew & SILVER, Harold. *La innovación en la enseñanza superior*. Madri: Narcea, 2006.

HARRY, Keith. *Higher Education trough Open and Distance Learning*. Nova York/Londres: Routledge, 1999.

HOLMBERG, Börje. "The Evolution of the Character and Practice of Distance Education". Em *Open Learning*, junho de 1995 (disponível em http://www.uni-oldenburg.de/zef/cde/found/holmbg95.htm).

IBÁÑEZ, Ricardo Marín. "La educación del siglo XXI: hacia un sistema tecnológico multimedia. Las universidades a distancia". Em *Educación XXI, Revista de la Facultad de Educación*. Madri, nº 1, pp. 27-52, 1998.

INSTITUTE FOR DISTANCE EDUCATION. *Three Models of Distance Education*. Maryland: University of Maryland, 2008 (disponível em http://www.umuc.edu/ide/modldata.html).

JEFFRIES, Michael. *Research in Distance Education* (disponível em http://www.digitalschool.net/edu/DL_history_mJeffries.html).

JUSTINIANO, Antonio Miranda. *La educacion a distancia y la diversidad: el modelo cubano*. Facultad de Educación a Distancia Universidad de La Habana, Havana, 2008 (disponível em http://www.udgvirtual.udg.mx/biblioteca/bitstream/123456789/181/2/XIEI-ModeloCubano-UdeG.pdf).

KETT, Joseph F. *The Pursuit of Knowledge under Difficulties: from Self-Improvement to Adult Education in America (1750-1990)*. Stanford: Stanford University Press, 1994.

KETTNER-POLLEY, Richard B. "The Making of a Virtual Professor". Em *ALN Magazine*, 3 (1), julho de 1999 (disponível em http://www.sloan-c.org/publications/magazine/v3n1/kettner.asp).

LAI, Kwok-Wing & PRATT, Keryn. *State of the Art and Trends in Distance, Flexible, and Open Learning: a Review of the Literature*. Dunedin: University of Otago Press, 2003.

LEVINE, Arthur & NIDIFFER, Jana. *Beating the Odds: how the Poor Get the College*. São Francisco: Jossey-Bass, 1996.

_______ & SUN, Jeffrey C. *Barriers to Distance Education*. American Council on Education Center for Policy Analysis, Washington, 2002 (disponível em http://www.acenet.edu/bookstore/pdf/distributed-learning/distributed-learning-06.pdf).

LEWIS, W. A. *A teoria do desenvolvimento econômico*. Trad. Alfredo Moutinho dos Reis. Rio de Janeiro: Zahar, 1960.

LOCKJOOD, Fred (org.). *Open and Distance Learning Today*. NovaYork/Londres: Routledge, 1995.

LUCAS, Christopher J. *American Higher Education: a History*. 2ª ed. NovaYork/Hampshire: Palgrave MacMillan, 2006.

MASON, Robin. "Models of Online Courses". Em *ALN Magazine*, 2 (2), outubro de 1998 (disponível em http://www.aln.org/publications/magazine/v2n2/mason.asp).

_______. "Using Electronic Networking for Assessment". Em LOCKJOOD, Fred (org.). *Open and Distance Learning Today*. NovaYork/Londres: Routledge, 1995.

MÉNDEZ, José B. Jardines. "Tele-educación y tele-salud en Cuba: mucho más que desarrollo tecnológico". Em *Acimed*, 13 (4). Havana, jul.-ago. de 2005 (disponível em http://bvs.sld.cu/revistas/aci/vol13_4_05/aci07405.htm).

MICHAVILA, Francisco & CALVO, Benjamin. *La universidad espanola hoy: propuestas para una política universitaria*. Madri: Sintesis, 1998.

MOORE, Michael G. *Distance Learning: Trends in the US*. Pensilvânia: Pennsylvania State University Press, 2008 (disponível em http://www.tbc.dk/pdf/michael_moore.pdf).

______ & KEARSLEY, Greg. *Distance Education: a Systems View*. Belmont: Wadsworth, 1996.

NASSEH, Bizhan. *A Brief History of Distance Education* (disponível em http://www.bsu.edu/classes/nasseh/study/history.html).

NELSON, R.; PECK, M.; KALACHECK, E. *Tecnologia e desenvolvimento econômico*. Rio de Janeiro: Forense, 1969.

OBLINGER, Diana G.; BARONE, Carole A.; HAWKINS, Brian L. *Distributed Education and Its Challenges: an Overview*. American Council on Education Center for Policy Analysis, 2001 (disponível em http://olt-bta.hrdc-drhc.gc.ca).

OFFICE OF LEARNING TECHNOLOGIES, Human Resources Development Canada. *Open Learning and Distance Education in Canada*. Relatório apresentado em Asia-Pacific Economic Cooperation Education Forum Project: in the Context of the International Project on Cross-Cultural Comparison on Open Learning Systems in APEC's Member Economies. Quebec, setembro de 1999. (diponível em http://olt-bta.hrdc-drhc.gc.ca).

PEN STATE UNIVERSITY. *Distance Education and the University Culture: Creating a Policy Environment for Distance Education, Innovations in Distance Education Project*, 1995–1998 (disponível em http://www.worldcampus.psu.edu/ide/docs/full_3_policy_symposia.pdf).

PÉREZ-DIAS, Víctor & RODRÍGUEZ, Juan Carlos. *Educación superior y futuro de España*. Madri: Fundación Santillana, 2001.

RAMOS, Araceli Sebastián & SÁNCHEZ García, María Fe. "La función tutorial en la universidad y la demanda de atención personalizada en la orientación". Em *Educación XXI, Revista de la Facultad de Educación*. Madri, nº 2, pp. 245-263, 1999.

RUMBLE, Greville. A tecnologia da educação a distância em cenários do Terceiro Mundo. Trabalho apresentado durante a conferência "A universidade aberta diante dos paradoxos sociais mundiais". Universidade Federal de Mato Grosso. Rondonópolis, de outubro de 1996 (disponível em http://www.nead.ufmt.br/documentos/EADtecnologias_Rumble_I02.doc).

RUTTAN, Vernon W. *Social Science Knowledge and Economic Development: an Institutional Design Perspective*. Ann Arbor: University of Michigan Press, 2006.

SHERRY, L. "Issues in Distance Learning". Em *International Journal of Educational Telecommunications*, 1 (4), pp. 337-365, 1996 (disponivel em http://www.cudenver.edu/~lsherry/pubs/issues.html#abstract).

SWAN, Michael K.; JACKMAN, Diane H.; GRUBBS, John. "Educational Opportunities for Agricultural Distance Programs". Em *Journal of Agricultural Education*, 46 (4), 2005.

UYTTEBROUCK, Eric. "Mais pourquoi diable ne lisent-ils pas mes notes de cours en ligne?". Em *Revue de l'Education à Distance*, v. 20, pp. 39-59, 2005 (disponível em http://www.cade-aced.ca/display_publication.php?i_nImageld=39).

VALCKE, Martin M. A. & GUILLAUME, P. W. Vuist. "A Model-Based Design Approach for the Flexibilisation of Courses". Em LOCKJOOD, Fred (org.). *Open and Distance Learning Today*. Nova York/Londres: Routledge, 1995.

WAITS, Tiffany; LEWIS, Laurie; GREENE, Bernard (orgs.). *Distance Education at Degree-Granting Postsecondary Institutions (2000-2001)*. Washington: National Center for Education Statistics, 2003 (disponível em http://nces.ed.gov).

WALLACE, Lori. "Online Teaching and University Policy: Investigating the Disconnect". Em *Journal of Distance Education*, v. 22, nº 1, pp. 87-100, 2007 (disponível em www.jofde.ca/index.php/jde/article/viewPDFInterstitial/58/471).

WHISHER, Robert A.; SABOL, Mark A.; MOSES, Franklin L. "Distance Learning: the Soldier's Perspective". Em *ARI Special Report* nº 49, U. S. Army Research Institute for the Behavioral and Social Sciences, Alexandria, maio de 2002 (disponível em http://www.ari.army.mil).